ARBEITSHEFT

VERA
Hörverstehen

Susanne Schmitt

Grundschule 3. Klasse

STARK

© 2024 STARK Verlag GmbH, St.-Martin-Straße 82, 81541 München
www.stark-verlag.de
1. Auflage 2015

LÖSUNGSHEFT

VERA
Hörverstehen

Grundschule 3. Klasse

STARK

☆ Die Pilz-Expertin – Hörspiel

Transkript:
Als Janine an einem herbstlichen Freitag aus der Schule kommt, gibt es beim Mittagessen mit ihren Eltern nur noch ein Thema.
„Du, Mama?"
„Ja, was ist denn, Liebes?"
„Wir haben heute in der Schule im Sachunterricht viele Pilzsorten kennengelernt ..."
„Und?"
„Jetzt hab ich richtig Lust gekriegt, selbst welche sammeln zu gehen. Mit euch! Und dann könnten wir zusammen eine leckere Pilzsuppe kochen."
„Hm, Janine, nicht so schnell! Pilzsuppe klingt gut. Aber kennst du dich denn mit dem Pilzesammeln wirklich aus? Da stehen immerhin auch ziemlich viele giftige Exemplare im Wald herum."
Den Einwand vom Vater kann Janine ganz schnell zerstreuen. Schließlich ist Sachunterricht ihr Lieblingsfach – und da passt sie immer ganz besonders gut auf.
„Keine Sorge, Paps! Du weißt doch, dass ich im Sachunterricht immer nur Einser schreibe – und außerdem bin ich doch dein schlaues Mädchen."
„Na, wenn das so ist. Dann können wir heute Nachmittag ja getrost in den Wald aufbrechen."
„Danke, Papa!"
Und so zieht die Familie eine gute Stunde später gemeinsam los. Mama hat Janine einen geflochtenen Korb in die Hand gedrückt, damit es die gesammelten Pilze schön luftig haben, Papa hat ein kleines Taschenmesser eingesteckt und auch Janine hat sich gut ausgerüstet.
„Der Korb ist super! In einer Tüte würden die Pilze zusammengequetscht, hat meine Lehrerin, Frau Haas, uns heute eingeschärft."
„Da hat sie schon recht! In Plastiktüten bekommen Pilze unschöne Druckstellen. Außerdem wird es schnell heiß und feucht in so einer Tüte, da können Pilze ganz schnell schimmeln."
„Iiiiih, also eine Schimmelpilzsuppe soll es heute Abend ja nicht geben!"
„Ihr sollt Pilze suchen, meine Damen, und nicht so viel reden! ... Schaut mal, da vorne an der Buche! Da stehen doch schon ein paar schöne Exemplare!"
„Wo denn?"
„Ah, da! Stimmt! Nichts wie hin!

Janine läuft schnell vor und bald sind auch die Eltern bei der Buche neben der kleinen Lichtung, auf der nicht nur ein paar, sondern viele verschiedene Pilze stehen.

„Wow, ist der riesig! Das könnte ein … hm."

„Hast du etwa dein Sachkundeheft mitgenommen?"

„Na klar! Hier steht alles drin, was wir über essbare und giftige Pilze gelernt haben. Also, dieser Pilz hat einen hellbraunen Hut … auf der Hutunterseite … mal vorsichtig drunterschauen … Ha, auf der Hutunterseite hat er Röhren."

„Stimmt, der Pilz hat keine Lamellen, das ist ein Röhrenpilz. Von unten sieht er aus wie ein Schwamm."

„Der Stiel ist weiß-grau … keulenförmig … und hat so eine Art Netzmuster drüber."

„Und? Was sagt dein schlaues Heft? Was für ein Pilz ist das?"

„Das, das könnte ein richtiger Steinpilz sein! Wahnsinn, ein Steinpilz! Und so ein großer!"

„Wow, also ein richtig edler Pilz! Im Supermarkt sind die unglaublich teuer! Da überleg ich immer zweimal, ob ich die wirklich mitnehme."

„Geht mal zur Seite, ich werd ihn vorsichtig abschneiden, den Leckerbissen."

„Stopp, Papa, warte! Ich möchte erst total sicher sein! Der Steinpilz hat nämlich einen Zwilling. Der sieht fast genauso aus wie er, ist aber ungenießbar. Der schmeckt total bitter, wie Galle. Wenn man den isst, bekommt man ganz schlimme Bauchschmerzen und Krämpfe, hat Frau Haas gesagt."

„Okay, Janine, du bist heute der Boss. Aber lass mich raten: ungenießbar, schmeckt wie Galle – ist dieser Zwillingspilz vielleicht der Gallenröhrling?"

„Richtig, Papa! Der Kandidat hat 100 Punkte! Du hast wohl in der Schule auch gut aufgepasst, als du klein warst."

„Natürlich! Und von irgendwem musst du dein Interesse für Natur doch auch geerbt haben."

„Also, wenn ich die beiden Pilzexperten mal auf einige Details hinweisen dürfte: Das hier muss meiner Meinung nach ein Steinpilz sein. Die Röhren sind weißlich-gelb und nicht rosa wie beim Gallenröhrling. Und: Das Netz ist nicht sehr stark zu sehen. Außerdem …"

„Mama? Woher weißt du das denn so genau?"

„Tja, meine Lieben, auch ich habe etwas mit in den Wald genommen, damit wir ganz sicher keine giftigen Pilze sammeln."

„Ein Pilzbestimmungsbuch. Sehr gerissen!"

„Tja, Papa, und jetzt weiß ich, von wem ich meine Schlauheit geerbt habe."

„Damit steht unserer Pilzsuppe heute Abend ja nichts mehr im Weg! Dort stehen noch viel mehr Steinpilze."

„Na, und wenn die Damen sich jetzt sicher sind, dann kann ich ja loslegen mit meinem Taschenmesser."

1

	kommt vor	kommt nicht vor
das Mädchen Janine	☒	☐
die Mutter von Janine	☒	☐
die Tante von Janine	☐	☒
ein Erzähler	☒	☐
die Kunstlehrerin von Janine	☐	☒
der Vater von Janine	☒	☐

2   ☐ einen leckeren Pilzauflauf

    ☒ eine leckere Pilzsuppe

    ☐ ein leckeres Pilz-Omelett

3   **Janine erwähnt, dass sie in ihrem Lieblingsfach Sachunterricht immer die Note Eins hat und ein schlaues Kind ist.**

4   Janine   Papa   Mama

kleines Taschenmesser   Sachkundeheft   Pilzbestimmungsbuch

5   **Es ist besser, die Pilze in einem Korb zu transportieren, da sie in einer Plastiktüte schnell Druckstellen bekommen und zu schimmeln anfangen.**

6   ☐ Steinpilz und Fliegenpilz

    ☒ Steinpilz und Gallenröhrling

7   **Sie meint, dass Steinpilze sehr teuer sind. Im Supermarkt kosten sie richtig viel Geld.**

8 *Lösungsvorschläge:*
- **Ja, aber nur mit einer Begleitung, die sich gut mit Pilzen auskennt, und einem Pilzbuch.** Sonst ist es zu gefährlich, da man **giftige oder ungenießbare Pilze sammeln könnte.**
- **Nein, ich bin mir beim Bestimmen von Pilzen zu unsicher. Die Gefahr ist zu groß, dass ich giftige oder ungenießbare Pilze sammle.**

9 *Lösungsvorschläge:*

[X] Janine, weil **sie im Sachunterricht viel über Pilze gelernt hat und in ihrem Sachkundeheft viele wichtige Informationen über Pilze stehen.**

[X] Die Mutter, weil **sie ein Pilzbestimmungsbuch mitgenommen hat und dadurch wichtige Tipps zur Bestimmung geben kann.**

10 *Lösungsvorschläge:*
- **Der Steinpilz**
- **Pilzsuppe in Sicht**
- **Auf Pilzsuche**

☆ Die Bienenkönigin – Märchen

Transkript:
Zwei Königssöhne gingen einmal auf Abenteuerreise und gerieten in ein wildes, wüstes Leben, sodass sie gar nicht wieder nach Hause kamen. Da ging der Jüngste, welcher der Dummling hieß, aus, um seine Brüder zu suchen. Wie er sie aber fand, verspotteten sie ihn, dass er sich mit seiner Einfalt durch die Welt schlagen wollte. Sie zwei kämen ja schon nicht durch und seien doch viel klüger.
Da zogen sie miteinander fort und kamen an einen Ameisenhaufen. Die zwei Älteren wollten ihn aufwühlen und sehen, wie die kleinen Ameisen in ihrer Angst herumkröchen und ihre Eier forttrügen. Der Dummling aber sagte: „Lasst die Tiere in Frieden! Ich kann es nicht ertragen, dass ihr sie stört!"
Da gingen sie weiter und kamen an einen See, auf dem schwammen viele, viele Enten. Die zwei Brüder wollten ein paar fangen und braten, aber der Dummling sagte wieder: „Lasst die Tiere in Frieden! Ich kann es nicht ertragen, dass ihr sie tötet."

Schließlich kamen sie an ein Bienennest, darin war so viel Honig, dass er am Stamm herunterlief. Die zwei wollten Feuer unter dem Baum legen und die Bienen ersticken, damit sie den Honig wegnehmen könnten. Der Dummling hielt sie aber wieder ab und sprach: „Lasst die Tiere in Frieden! Ich kann es nicht ertragen, dass ihr sie verbrennt." Da kamen die drei Brüder in ein Schloss, wo in den Ställen lauter steinerne Pferde standen, und es war auch kein Mensch zu sehen. Sie gingen durch alle Säle, bis sie vor eine Türe ganz am Ende kamen, davor hingen drei Schlösser. Mitten in der Türe aber war ein Lädlein, dadurch konnte man die Stube sehen. Da sahen sie ein graues Männchen an einem Tische sitzen, nach dem riefen sie, einmal, zweimal, aber es hörte sie nicht. Schließlich riefen sie zum dritten Mal – und da stand es auf und kam heraus. Es sprach aber kein Wort, sondern fasste sie an und führte sie zu einem reich gedeckten Tisch. Und als sie gegessen und getrunken hatten, führte es jeden in ein eigenes Schlafgemach.
Am anderen Morgen kam es zu dem Ältesten, winkte ihm und brachte ihn zu einer steinernen Tafel. Darauf standen die drei Aufgaben geschrieben, mit denen das Schloss erlöst werden konnte. Die erste war: In dem Wald unter dem Moos lagen die tausend Perlen der Königstochter, die mussten aufgesucht werden, und wenn vor Sonnenuntergang noch eine einzige fehlte, so ward der, welcher gesucht hatte, zu Stein.
Der Älteste ging hin und suchte den ganzen Tag. Als aber der Tag zu Ende war, hatte er erst hundert gefunden. Es passierte, was auf der Tafel stand, und er ward in Stein verwandelt.
Am folgenden Tag unternahm der zweite Bruder das Abenteuer. Es ging ihm aber nicht besser als dem Ältesten. Er fand nicht mehr als zweihundert Perlen und ward zu Stein.
Endlich kam auch der Dummling an die Reihe. Der suchte im Moos, aber es war so schwer, die Perlen zu finden, und es ging so langsam! Da setzte er sich auf einen Stein und weinte. Und wie er so saß, kam der Ameisenkönig, dem er einmal das Leben gerettet hatte, mit fünftausend Ameisen, und es währte nicht lang, so hatten diese die Perlen miteinander gefunden und auf einen Haufen getragen.
Die zweite Aufgabe aber war, den Schlüssel zu der Schlafkammer der Königstochter aus dem See zu holen. Wie der Dummling zu dem See kam, schwammen die Enten, die er einmal gerettet hatte, heran, tauchten unter und holten den Schlüssel aus der Tiefe.
Die dritte Aufgabe aber war die schwerste. Aus den drei schlafenden Töchtern des Königs sollte die jüngste und liebste herausgesucht werden.

Sie glichen sich aber vollkommen und waren durch nichts verschieden, als dass die Älteste ein Stück Zucker, die Zweite Sirup und die Jüngste einen Löffel voll Honig vor dem Einschlafen gegessen hatte. Da kam die Bienenkönigin von den Bienen, die der Dummling vor dem Feuer geschützt hatte, und probierte von dem Mund von allen dreien. Zuletzt blieb sie auf dem Mund sitzen, der Honig gegessen hatte, und so erkannte der Königssohn die Rechte. Da war aller Zauber vorüber, alles war aus dem Schlaf erlöst und wer aus Stein war, erhielt seine menschliche Gestalt wieder. Und der Jüngling vermählte sich mit der Jüngsten und Liebsten und ward König nach ihres Vaters Tod. Seine zwei Brüder aber vermählte er mit den anderen Schwestern.

nach: Brüder Grimm

1 ☒ unterwegs auf einer Abenteuerreise.

☐ wieder wohlbehalten von ihrer Abenteuerreise zu Hause angekommen.

☒ gemein zu Dummling, denn sie verspotten ihn.

☐ freundlich zu ihrem armen Bruder Dummling.

2 ☐ Weil er selber denkt, er sei dumm.

☐ Weil er klug ist.

☒ Weil seine Brüder ihn für dumm halten.

3

1.	2.	3.
Ameisen	**Enten**	**Bienen**

4 ☐ Ein graues Männchen lebt eingesperrt in einer Stube im Schloss.

☐ Das Schloss kann wegen einer Mauer von niemandem betreten werden.

☒ Alle Bewohner des Schlosses wurden in Stein verwandelt.

5   **Perlen**

1. Im Wald unter dem Moos die 1 000 ~~Erbsen~~ der Königstochter finden.

                     Königstochter

2. Schlüssel zu der Schlafkammer der ~~Königin~~ aus dem See hochtauchen.

                     jüngste

3. Aus den drei schlafenden Töchtern des Königs die ~~älteste~~ heraussuchen, die Honig vor dem Einschlafen gegessen hatte.

6   **Als die beiden Brüder die Aufgaben nicht lösen können, werden sie in Stein verwandelt.**

7   **Es war gut, weil die Tiere Dummling als Dank bei den drei Aufgaben helfen.**

8   ☐ um eine Abenteuergeschichte

      ☐ um eine Sage

      ☒ um ein Märchen

      ☐ um einen Bericht

☆ Fast Food – Radiobeitrag

Transkript:

„Stellt euch vor, ihr seid unterwegs. Das letzte Mal, dass ihr etwas gegessen habt, scheint euch Ewigkeiten her. Ihr habt noch genau einen Euro in der Hosentasche. Was macht ihr?"
„McDonald's." „Auch McDonald's." „Mäckes." „Zum Mäckes." „Zum Mäckes." „Zu McDonald's." „Mäckes." „McDonald's." „McDonald's."
„Das würden wohl die meisten von euch antworten. Aber macht das Essen dort wirklich satt? Ist das Zeug gesund? Und was ist da eigentlich alles drin? Fangen wir mal ganz von vorne an. Bereits in der Antike gab es an jeder Ecke kleine Imbisse. Damals besaßen die Mietwohnungen noch keinen Herd. Die Schnellrestaurants waren also für die einfachen Leute die einzige Möglichkeit auf warmes Essen. Der Begriff Fast Food stammt aus den USA. Durch die Veränderung der Einkaufsgewohnheiten, wie zum Beispiel riesige Einkaufszentren, verbreitete sich auch das Fast Food. Neben den Einkaufsmöglichkeiten findet man heute fast immer Imbisse oder Schnellrestaurants. Dass Fast-Food-Essen eigentlich nicht gesund ist, meinen die meisten. Aber stimmt das eigentlich? Und warum ist Fast Food so ungesund? Ökotrophologin, Ernährungsberaterin und -therapeutin Petra Steins weiß Bescheid." „Also Fast Food bedeutet ja, das ist schnell zubereitet. Wir … Dass es auch schnell verzehrt werden kann, das ist also eher das schnelle Essen. Und in der Regel ist es so, dass es auf die Mischung ankommt. Die Mischung macht es letzen Endes, ob es dann zu einer gesundheitlichen Gefährdung kommt oder nicht. Das richtet sich schlichtweg danach, inwieweit, ja, ein Ausgleich geschaffen wird, vermehrt auch Gemüse gegessen wird, nach dem Prinzip *five a day*, fünfmal am Tag Obst und Gemüse, auch vielleicht mal ein Apfel oder eine Banane über den Tag verteilt verzehrt wird."
„Wenn die Ernährung ansonsten ausgewogen ist, ist sogar einmal die Woche Fast Food noch im grünen Bereich. Aber warum essen wir eigentlich Fast Food?"
„Weil's lecker schmeckt." „Da … Es ist gutes Essen und sehr billig."
„Ich muss ein bisschen was auf die Rippen kriegen." „Einfach: Das ist das schnelle Essen, das man eben mal so kriegt." „Weil's lecker ist."
„Zeitdruck." „Weil's schmeckt." „Wenn dann ganz viele von uns da hingehen, nach der Schule, dann kommt man halt mit." „Gruppenzwang, richtig." „Weil's schmeckt." „Weil's schmeckt, ja." „Weil's schmeckt."
„Weil's lecker ist."

„Ganz klar! Die meisten sind sich einig: Es muss schnell gehen, lecker sein, kostengünstig und wo man sich auch mal mit Freunden treffen kann. Die Gesundheit steht da erst einmal hintenan. Doch gerade der Geschmack des Fast Foods ist ein Problem."
„Das Problem ist, dass die Ernährungserziehung sozusagen vielfach von Fast-Food-Ketten mitgestaltet wird. Das heißt, wenn vermehrt eben diese wirklich in Geschmackslabors hergestellten Soßen und Dips zubereitet werden, wenn es einen runden Geschmack ergibt, die Soße oder das Dressing oder die Gewürzmarinade, verführt das natürlich immer wieder zum Kaufen."
„Fast Food heißt übersetzt *schnelles Essen*. Doch gibt es nicht auch Alternativen? Petra Steins hat einen tollen Trick auf Lager."
„Da würd' ich eher versuchen, auch zu schauen, gelegentlich mal Pizza selber zu machen, die einzufrieren und einzusetzen, wenn's mal schnell gehen muss, oder aber, dass man zumindest zur Ergänzung zur Pizza vielleicht noch ein paar Tomaten aufschneidet."
„Eine echt klasse Alternative, wenn's mal schnell gehen muss. Und wenn ihr das nächste Mal unterwegs seid, wie wäre es einfach mit einem Brötchen vom Bäcker?"

Autorenverweis: osradio 104,8 e. V.; Nutzungshinweis: Die Rechte am Ton- und Textmaterial liegen bei osradio 104,8 e. V. und sind nur zur Verwendung im Rahmen der STARK Verlagsgesellschaft mbH & Co. KG freigegeben.

1　zu Burger King　　zum Bäcker　（zu McDonald's）　nach Hause

2　**In den Mietwohnungen gab es damals noch keinen Herd. Somit konnten sich die einfachen Leute selbst kein warmes Essen kochen und nutzten die Imbisse, um an eine warme Mahlzeit zu kommen.**

3　Der Begriff Fast Food stammt aus **den USA**. Fast bedeutet „schnell" und Food „Essen". Somit ist Fast Food ein Essen, das zum einen schnell **zubereitet** und zum anderen schnell **gegessen** wird.

4　**Man sollte fünfmal pro Tag Obst und Gemüse essen.**

5　$\boxed{X}$　Weil es lecker schmeckt.
　　$\boxed{X}$　Weil es billig ist.
　　$\boxed{}$　Weil man davon schnell abnimmt.
　　$\boxed{X}$　Weil man damit etwas auf die Rippen kriegt.

☐ Weil es gesund ist.

☒ Weil es unter Zeitdruck schnell geht.

☐ Weil es so toll aussieht.

6 ☒ Pizza selber machen und einfrieren.

☐ Statt Pizza Salat essen.

☒ Ein Brötchen vom Bäcker holen.

☒ Zur Ergänzung zur Pizza ein paar Tomaten aufschneiden.

☐ Einen Gemüsesaft zur Pizza trinken.

7 *Lösungsvorschlag (individuell):*
Ich finde Fast Food lecker, aber ich esse es nicht so oft, da es ungesund ist.

☆ ☆ Im Tal der Dinosaurier – Literarischer Text

Transkript:
„Anne, schau mal", rief Philipp. „Sieh, was ich gefunden habe!" Anne war den Hügel hinaufgeklettert. Jetzt pflückte sie Blüten vom Magnolien-Baum. „Schau her, Anne, ein Medaillon!"
Aber Anne achtete nicht auf Philipp. Sie beobachtete etwas auf der anderen Seite des Hügels. „Wahnsinn!", sagte sie.
„Anne!" Die Magnolien-Blüte an sich gepresst, rannte Anne den Hügel auf der anderen Seite hinunter. „Anne, komm zurück!", schrie Philipp. Aber Anne war verschwunden. „Eines Tages bringe ich sie um!", murmelte Philipp wütend. Er steckte das Medaillon in seine Hosentasche. Da hörte er Anne kreischen.
„Anne?" Philipp hörte noch ein zweites Geräusch, wie von einer Tuba. „Philipp! Komm schnell!", schrie Anne.
„Anne!"
Philipp schnappte sich seinen Rucksack und raste den Hügel hinauf.
Als er oben ankam, verschlug es ihm glatt die Sprache. Das gesamte Tal war voller Nester. Große Nester aus Erde. Und in den Nestern saßen lauter kleine Dinosaurier. Anne hockte neben einem dieser Nester – und über ihr stand ein gigantischer Dinosaurier mit einem Entenschnabel. „Ganz ruhig, Anne! Nicht bewegen!", rief Philipp.

Er ging langsam den Hügel hinunter auf Anne zu. Der riesige Dinosaurier türmte sich über Anne auf, schlug mit den Armen und machte
diese seltsamen Tuba-Laute. Philipp blieb stehen. Er wollte nicht zu
nahe herangehen. Er kniete sich auf den Boden und sagte: „So, jetzt
komm zu mir her. Ganz langsam." Anne stand auf. „Nicht aufstehen!",
rief Philipp. „Du musst krabbeln!" Immer noch mit der Blüte in der Hand
krabbelte Anne langsam auf Philipp zu. Der Dinosaurier mit dem
Entenschnabel folgte ihr. Immer noch trompetend. Anne erstarrte.
„Krabbel weiter!", flüsterte Philipp. Anne krabbelte auf ihn zu. Philipp
kam ihr langsam entgegen. Als er nur noch ein kleines Stück von ihr
entfernt war, zog er sie an der Hand zu sich heran. „Bleib unten!",
flüsterte er. „Senke den Kopf und tu so, als würdest du kauen."
„Kauen?"
„Ja", bestätigte Philipp. „Ich habe mal gelesen, dass man das tun soll,
wenn ein böser Hund einen bedroht."
„Das ist doch kein Hund, Philipp!", flüsterte Anne.
„Kau einfach!", beharrte Philipp.
Philipp und Anne senkten ihre Köpfe und taten so, als würden sie kauen.
Der Dinosaurier beruhigte sich tatsächlich. Philipp hob den Kopf.
„Ich glaube, jetzt ist er nicht mehr wütend", sagte er.
„Danke, dass du mich gerettet hast!", sagte Anne.
„Du musst ein bisschen mehr nachdenken!", sagte Philipp. „Du kannst
doch nicht einfach zu den Jungen in den Nestern hinrennen. Bei Tier-
kindern ist immer die Mutter in der Nähe!" Anne stand auf. „Anne!"
Zu spät! Anne hielt dem Dinosaurier die Magnolien-Blüte hin. „Tut mir
leid, dass du dir wegen mir Sorgen um deine Jungen gemacht hast!",
sagte sie. Der Dinosaurier kam näher und fraß Anne die Blüte aus der
Hand. Dann suchte er nach mehr. „Mehr gibt's nicht", sagte Anne bedau-
ernd. Der Dinosaurier machte ein trauriges Tuba-Geräusch. „Aber dort
oben sind noch mehr", sagte Anne und deutete auf den Hügel. „Ich hol
dir welche."
Sie rannte den Hügel hinauf. Der Dinosaurier watschelte ihr hinterher.
Philipp musterte die Jungen. Einige krabbelten aus ihren Nestern. Wo
wohl die anderen Mütter waren? Philipp holte das Dinosaurier-Buch aus
dem Rucksack und blätterte, bis er ein Bild von einem Dinosaurier mit
Entenschnabel fand. Er las die Bildunterschrift: *Anatosaurier lebten in
Gruppen. Während einige Mütter auf die Nester aufpassten, jagten die
anderen.*
Also mussten die anderen Mütter auch hier in der Nähe sein.
„Hey, Philipp!", rief Anne. Philipp sah auf. Anne war auf dem Gipfel des

Hügels und fütterte den riesigen Anatosaurier mit Magnolien-Blüten.
„Er ist wirklich nett, Philipp!", sagte Anne.
Aber plötzlich stieß der Anatosaurier wieder seinen schrecklichen Tuba-Laut aus. Anne warf sich auf die Erde und tat wieder so, als würde sie kauen. Der Dinosaurier stürmte den Hügel hinunter. Er schien sich vor etwas zu fürchten. Philipp legte das Buch auf den Rucksack und rannte hoch zu Anne. „Warum ist sie bloß weggerannt?", fragte Anne enttäuscht. „Wir hatten uns gerade miteinander angefreundet."
Philipp sah sich um. In der Ferne sah er etwas, das ihm den Magen umdrehte. Ein riesiges, hässliches Monster stampfte über die Ebene. Es lief auf zwei kräftigen Beinen. Hinter ihm schwang ein langer, dicker Schwanz hin und her. Seine Arme waren klein und schmächtig. Sein Kopf war dafür gigantisch. Und sein Maul war weit offen. Selbst aus der Ferne konnte Philipp die langen, glänzenden Zähne erkennen.
„Ein Tyrannosaurus Rex!", flüsterte Philipp.

Aus: Mary Pope Osborne: Das magische Baumhaus. Im Tal der Dinosaurier. Bindlach: Loewe 2012. Übersetzerin: Sabine Rahn

1   Philipp findet ein Medaillon.

2   [X] ein Tal voller Nester

    [ ] ein Tal voller Vogelnester

    [ ] große Nester aus Ästen und Zweigen

    [X] große Nester aus Erde

3   Anne soll sich so vor dem Dinosaurier retten, der wahrscheinlich seine Jungen beschützen will. Philipp hat mal gelesen, dass man das tun soll, wenn ein Hund einen bedroht.

4   [X] mit Magnolien-Blüten

    [ ] mit Magnolien-Früchten

    [ ] mit Mangolien-Blüten

5   **in Gruppen**
Anatosaurier lebten ~~allein~~.

                   Mütter
Während einige ~~Väter~~ auf die Nester aufpassten, jagten die anderen.

6 ☐ der Anatosaurus Rex

☐ der Tyrannosaurus Bex

☒ der Tyrannosaurus Rex

☐ der Anatosaurier Rex

7 *Lösungsvorschlag:*
Ja, ich stimme zu, denn der Tyrannosaurus Rex wird als Monster bezeichnet, das über die Ebene stampft und einen gigantischen Kopf und lange, glänzende Zähne hat. Außerdem scheint sich der Anatosaurier vor ihm zu fürchten und stürmt ins Tal.

8 ☐ eine unheimliche Gruselgeschichte.

☒ eine spannende Fantasiegeschichte.

☐ eine lustige Erlebniserzählung.

☐ eine wahre Abenteuergeschichte.

☐ ein informierender Fachtext über Dinosaurier.

☆☆ Grüne Brücken – Kinder-Podcast

Transkript:
„Das ist ein Kinder-Podcast!"
„Stellt euch doch mal vor, man würde mitten durch euer Haus eine Straße bauen, wo die ganze Zeit ein Auto nach dem anderen langbraust. Da könntet ihr gar nicht mehr in die anderen Zimmer oder die Nachbarn besuchen. Ich weiß, das klingt völlig komisch, aber so ein bisschen geht es vielen Tieren, die in der Nähe von großen Straßen wie Autobahnen leben. Denn oft werden diese Straßen mitten durch Wälder und Wiesen gebaut, also mitten durch den Lebensraum der Tiere. Die sind so plötzlich abgeschnitten von den Tieren in ihrer Nachbarschaft und wenn sie zu denen hin wollen, dann geraten sie zum Beispiel auf die gefährliche Autobahn, wo Tag und Nacht Autos heranrasen. Zum Glück gibt es eine Erfindung, die den Tieren hilft: eine Brücke über die Autobahn, nur für Tiere. Von solchen Brücken stehen in Deutschland im Moment rund 40, und es sollen noch mehr werden, zum Beispiel bei Schermbeck im Bundesland Nordrhein-Westfalen. Da hat man die sogenannte Grünbrücke

über die Autobahn gebaut. Und der Name passt wirklich, denn die Brücke ist grün, mit Büschen, Rasen, Wiesen und Heide bepflanzt. Auch ein paar abgestorbene Baumstämme liegen herum, damit sich zum Beispiel auch Mäuse über die Brücke trauen, denn die suchen gerne Deckung. Außerdem wandern Hirsche, Rehe oder Wildschweine über die Brücke, meistens am späten Abend, nachts oder in der Morgendämmerung, eben dann, wenn sie sich am sichersten fühlen. Den Lärm der Autos, den hören sie kaum, denn die Brücke ist 50 Meter breit und am Rand stehen hohe Wände, die halten den Autokrach ab – und auch das Licht der Autoscheinwerfer. Denn die Tiere trauen sich ja meistens nur im Dunkeln über die Brücke. Allerdings werden sie trotzdem gesehen, denn auf der Brücke steht so was wie ein heimlicher Blitzer: eine Infrarotkamera. Die registriert Wärme und Bewegung auf der Brücke und macht dann schnell ein Foto, wenn ein Tier vorbeikommt. Ohne Blitz natürlich, damit die Tiere keinen Schreck bekommen. Wissenschaftler schauen sich dann später die Fotos an, um herauszufinden, welche Tiere wann die Brücke überqueren. Und welche Tierarten sich vielleicht noch nicht trauen, für die man auf der Brücke also vielleicht noch etwas ändern muss. Lustig übrigens: Manchmal sind auf den Fotos nur Streifen zu sehen. Das sind dann oft Wildschweine, denn die rasen so schnell über die Brücke."

Quelle: dpa

1 ☒ ist ein bepflanzter Weg über eine Autobahn.

☐ ist eine in Grün gestrichene Brücke über eine Autobahn.

☐ soll Spaziergängern den Weg über die Straße erleichtern.

☒ ist nur für Tiere gebaut.

☒ gibt es in Deutschland mittlerweile etwa 40-mal.

2 Straßen werden oft mitten durch Wälder und Wiesen gebaut und somit durch den Lebensraum vieler Tiere. Diese können dann auf die Straße, wie zum Beispiel die gefährliche Autobahn, geraten. Auf der Grünen Brücke können sie gefahrlos die anderen Tiere in ihrer Nachbarschaft besuchen und herumwandern.

3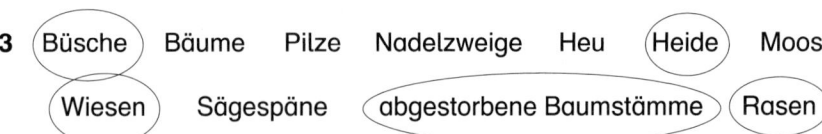

4 *Lösungsvorschlag:* **Hirsche, Rehe, Mäuse, Wildschweine**

5 **Zum einen ist die Brücke sehr breit (50 m), zum anderen hat sie an den Seiten hohe Wände. Dadurch ist der Autolärm kaum zu hören und die Scheinwerferlichter sind nicht zu sehen.**

6 Die Tiere laufen am liebsten im Dunkeln über die Grüne Brücke. Dennoch werden sie gesehen, denn auf der Brücke steht eine Art **heimlicher Blitzer.** Dieser macht **Fotos** von den Tieren, die dann später von Wissenschaftlern angesehen werden. So will man drei Dinge herausfinden, nämlich **welche Tiere wann die Brücke überqueren und welche sich noch nicht trauen.** So können die Wissenschaftler herausfinden, ob man für bestimmte Tierarten noch etwas auf der Brücke **verändern** muss, damit sie sich hinübertrauen.

7 *Lösungsvorschlag:*
Grüne Brücken sind wichtig und es sollte Geld für sie ausgegeben werden, denn sie schützen die Tiere davor, auf der Straße angefahren zu werden. Das ist auch für die Menschen gut, denn so passieren weniger gefährliche Unfälle.

☆☆ Die Wüste – Sachtext

Transkript:
Wie ist es in der Wüste?
Obwohl nur wenige Reisefreudige und Abenteuerlustige unter uns schon mal in einer Wüste waren, haben wir doch alle eine ziemlich genaue Vorstellung davon, wie es dort ist: heiß, sandig, trocken, öde, leer, kein Leben. Auch die Namen einiger Wüsten lassen Bedrohliches vermuten, zum Beispiel das *Death Valley* in Amerika. Auf Deutsch heißt das: Tal des Todes.
Aber ist die Wüste wirklich so?
Eine Wüste ist ein Gebiet, in dem es staubtrocken ist. Selbst wenn es ein bisschen regnet, ist es meistens so heiß, dass das Wasser ganz schnell wieder verdunstet. In manchen Jahren regnet es in der Wüste das ganze Jahr über nicht. Dann wiederum gibt es plötzlich einen großen Wolkenbruch und an einem einzigen Tag fällt so viel Regen wie in den vergangenen zehn Jahren nicht mehr. Wüsten gibt es nicht nur wenige. Zählt man alle Wüsten zusammen, so kommt man auf ein Fünftel der gesam-

ten Landfläche der Erde. Das größte Wüstengebiet der Welt ist die Sahara. Sahara ist Arabisch und bedeutet auf Deutsch ganz einfach „Wüste". Hast du selbst inzwischen ein Bild von der Wüste im Kopf? Stell sie dir einmal ganz genau vor! ... Wahrscheinlich siehst du unglaublich viel Sand, Hügel und Dünen – und vielleicht sogar einen Kaktus und ein Kamel, das gemächlich daran vorbeispaziert. So stellen sich viele die Wüste vor. Aber genau so eine Wüste gibt es gar nicht! Denn in keiner Wüste gibt es Kakteen und Kamele zusammen. Entweder ist man in einer Wüste mit Kamelen oder in einer Wüste mit Kakteen. Eines haben Kamele und Kakteen aber doch gemeinsam: Sie haben sich hervorragend an das Leben in der Wüste angepasst. Kakteen können Wasser bis zu zehn Monate lang speichern. Und Kamele kommen über zwei Wochen ohne Trinken aus. Wenn sie dann an eine Wasserquelle gelangen, trinken sie gut und gerne mehr als hundert Liter in zehn Minuten und speichern es in ihrem Körper.

Entgegen der allgemeinen Vorstellung sind nur ein Fünftel aller Wüsten wirklich Sandwüsten. In anderen Wüsten findet man Steine, Geröll, Kies oder Felsen – und genauso heißen sie dann auch, also Kieswüsten oder Felswüsten.

Wir merken schon: Unser Bild von der Wüste, das wir vielleicht aus Geschichten oder Filmen haben, ist nicht immer ganz richtig. Genauso sieht es übrigens mit der Vorstellung von unglaublicher Hitze aus. Es stimmt: Tagsüber kann es in Sand- und Steinwüsten bis zu 70 Grad Celsius heiß werden – und es gibt meist nichts, was Schatten spenden kann. Allerdings gibt es genauso wenig, das Hitze oder Wärme speichern kann. Und so wird es nachts schnell bitterkalt: bis zu minus 20 Grad. Ein enormer Temperatursturz also, für den man sich gut wappnen muss.

Hast du erkannt, was das für Tiere waren? Eisbären! Sie leben am Nordpol, in der Arktis. Ihr dickes Fell schützt sie vor der Kälte und dem ewigen Eis.

Und was hat das jetzt mit Wüsten zu tun? Ganz einfach, es geht um Kältewüsten, die es zum Beispiel in der Arktis gibt. Hier fehlt nicht das Wasser, sondern die Wärme. Hier ist es immer bitterkalt, auch tagsüber. Der Boden ist hier meistens gefroren und mit Eis und Schnee bedeckt. Und so wachsen auch nur wenige Pflanzen in Kältewüsten. Kältewüsten gibt es auch in der Antarktis, also dem Südpol. Trotzdem schaffen es Tiere, hier zu überleben. Denk zum Beispiel an die vielen lustigen Pinguine. In den Kältewüsten leben also Tiere. Aber auch in den heißen Trockenwüsten ist Leben möglich! Vom Kamel haben wir bereits gehört.

Außerdem gibt es Skorpione, Käfer und Wüstenschlangen. Sie alle müssen aufpassen, dass sie sich auf dem kochend heißen Boden nicht verbrennen. Kamele zum Beispiel haben sehr lange Beine, die ihren Körper vom heißen Untergrund möglichst weit weg halten. Manche Schlangen berühren den Boden nur an zwei kleinen Stellen, wenn sie sich bewegen. Sie sehen dann fast so aus, als würden sie schweben. Und wenn es ihnen doch einmal zu heiß wird, dann graben sie sich ganz schnell in den Sand hinein. Das ist übrigens eine Fähigkeit, die viele Wüstentiere beherrschen. Auch die Sandviper macht es so. Den heißen Tag verbringt sie eingegraben im Sand – und wenn es Nacht und kühler wird, gräbt sie sich aus, um auf die Jagd zu gehen.
Wir merken also: Die Wüste ist ein lebendiger Ort. Ein Ort, an dem es nicht nur Hitze, sondern auch Kälte gibt. Ein Ort, der zahlreichen Tieren ein Zuhause bietet. Ein Ort jedoch, der natürlich auch ungemütlich werden kann. Ein Ort also, an den man sich anpassen muss, wenn man überleben will.

1   fruchtbar   (sandig)   (kalt)   verregnet   (Kies)

   (heiß)(Antarktis)(Fels)   Humus   grün

2   stimmt   stimmt nicht

	stimmt	stimmt nicht
es nicht viele Wüsten auf der Erde gibt.	☐	☒
es nicht wenige Wüsten gibt.	☒	☐
die größte Wüste die Sahara ist.	☒	☐
die größte Wüste „Tal des Todes" heißt.	☐	☒

3   **Auf Susis Bild sieht man Pyramiden, Palmen, Kamele und Kakteen.**
Sie hat leider nicht bedacht, dass es in keiner Wüste Kamele und Kakteen gibt.

4

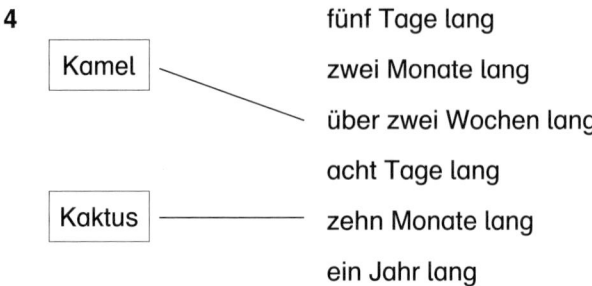

Kamel

Kaktus

fünf Tage lang

zwei Monate lang

über zwei Wochen lang

acht Tage lang

zehn Monate lang

ein Jahr lang

5 **Nachts wird es in der Wüste so kalt, weil es dort nichts gibt, das die Wärme speichern kann.**

6 **Als Bewohner der Kältewüsten werden Eisbären und Pinguine genannt.**

7 *Lösungsvorschlag:*
Die Tiere in der Wüste haben sich an die Hitze angepasst. Manche Schlangen zum Beispiel berühren den heißen Boden nur mit zwei kleinen Körperstellen und bewegen sich sehr schnell.

☆☆ Aller guten Dinge sind drei – Literarischer Text

Transkript:
Eigentlich heiße ich Jonathan, aber das tut hier nichts zur Sache, weil die wichtigen Leute mich sowieso nur Jona nennen. Und dann möchte ich noch klarstellen, dass bei mir alles in Ordnung ist unterm Schädel, falls das irgendwer bezweifeln sollte. Nur weil sich einer mit Außerirdischenforschung beschäftigt, muss er noch lange keinen Knall haben. Seit ich lesen kann, habe ich tonnenweise Bücher verschlungen, in denen Leute von ihren Begegnungen mit Außerirdischen erzählen. Und ich habe nie daran gezweifelt, dass auch ich eines Tages einen treffen würde, weil das einfach klar war wie Kloßbrühe. Also habe ich gewartet: Tage, Wochen, Monate, Jahre.
Hätte mich jemand aus meiner Familie gefragt: „Jona, sag mal, glaubst du, dass dir im Leben mal was absolut Cooles passiert?", dann hätte ich keine Millionstelsekunde überlegen müssen. „Ich *glaube* es nicht, ich *weiß* es", hätte ich geantwortet. „Ich werde einen Außerirdischen treffen.

Todsicher! Vielleicht schon morgen!" Und dann hätte ich auch erklären können, warum ich das glaubte. Aber mich hat keiner gefragt. Meine Eltern nicht, Wolle nicht und Lollo schon dreimal nicht.
Wolle ist mein kleiner Bruder. Er ist viereinhalb. Meine große Schwester Lollo ist fünfzehneinhalb. Eigentlich heißt sie Charlotte, aber Lollo klingt sexyer, findet sie. Wolle heißt in Wirklichkeit auch anders, aber davon erzähle ich später.
Lollos fünfzehneinhalb plus Wolles viereinhalb Jahre machen zusammen zwanzig. Die Mitte von zwanzig liegt punktgenau bei zehn, genauso alt werde ich nächste Woche. Keine Ahnung, wie meine Eltern das hingekriegt haben, und ganz im Ernst: Ich will es auch gar nicht wissen.
„Na, Jonathan?", hat die Messerle zu mir gesagt, als Wolle gerade auf die Welt gekommen war. „Jetzt bist du ein großer und ein kleiner Bruder. Ist das nicht schön?" Die Messerle ist unsere Nachbarin drei Häuser weiter und eine Tageszeitung auf zwei Beinen, wie Papa immer sagt. Er meint damit, dass sie eine alte Tratschtüte ist. Kaum war die Mama aus dem Krankenhaus zurück, kam die Messerle angedackelt, um das Baby zu begutachten. Sie hat ihr riesiges Griesbreigesicht über die Wiege gewuchtet und Wolle hat geschrien wie am Spieß, weil er einen Neugeborenen-Schock bekommen hat, wegen der Hängebacken von der Messerle.
„Ganz der Papa, Frau Klinger. Ganz der Papa!" Ich hab mich umgedreht, um zu schauen, wo Frau Klinger ist, aber dann fiel mir ein, dass meine Mama ja so heißt. Sie hat die Messerle angelächelt und ich dachte mir, dass sie vielleicht auch einen Schock hat, einen Geburtsschock oder so etwas, weil sie sich eine solche Frechheit gefallen lässt. Ich meine, mein Papa ist ein großer Mann mit Zähnen, Haaren und einer anständigen Nase! Er sieht dem Baby-Ork, der da in der Wiege lag, überhaupt nicht ähnlich, nicht die kleinste Spur! Mit ihrem kaulquappigen Grinsen hat die Messerle zu mir rübergeschaut und dann hat sie Mama zugeflüstert: „Mittelkinder sind Sandwich-Kinder. Die haben es nicht leicht im Leben."
Das Wort Sandwich-Kind hab ich sofort in meinem Kopf abgespeichert. Ich war damals erst fünfeinhalb, aber was ein Sandwich ist, wusste ich schon: ein belegtes Brot nämlich, mit Wurst und Salat. „Bist jetzt ganz stolz, dass du einen so wonnigen Babybruder hast, was?", hat die Messerle noch zu mir gesagt. Ich zuckte mit den Schultern, lief raus in den Garten und setzte mich auf die Schaukel. Meine Gedanken kreisten um das Wort *Sandwich* wie Haie um einen Hering mit Nasenbluten.
Ich starrte auf den abgewetzten Rasen vor meinen Füßen, auf dem die warme Nachmittagssonne meinen Schatten ausgerollt hatte.

Kein großer, cooler Schatten war das. Es war auch kein winziger, niedlicher mit Stupsnase, bei dem die Leute „Oh, wie wonnig!" sagen würden. Was da vor mir auf dem Boden lag, war ein Sandwich-Schatten. Ein blöder Schlappschatten. Um ihn nicht mehr sehen zu müssen, kniff ich ganz fest die Augen zu, und natürlich schaltete sich sofort mein inneres Geheim-Kino ein. Ich habe nämlich ein Kino in meinem Kopf, das sich immer ein- und wieder ausschaltet. Manchmal ist das ganz nützlich, manchmal weniger.

Ob alle Leute so ein inneres Kino haben? Meines liegt, glaube ich, genau zwischen meinen beiden Augen im Kopf innen drin. Über die Leinwand ist eine wasserdichte Schutzfolie gespannt, denn dort ist es logischerweise feucht. Deshalb sind die Bilder auch immer leicht verschwommen, aber der Ton ist besser als der vom neuen Cinema-Palace am Bahnhof. Mein Geheim-Kino kann die tollsten Filme abspielen und der Hauptdarsteller bin meistens ich. Dann hab ich Muskeln wie Ulf Bländer, der Besitzer vom Fitnessclub neben der Autowaschanlage im Industriegebiet, und keiner kann mir was anhaben. Keiner!

Ich habe ziemlich viele Actionfilme auf Lager, ein bisschen Horror ist auch dabei und natürlich Fantasy und Science-Fiction vom Feinsten. Manchmal spielt mein Kino auch traurige Filme. Als vor drei Jahren Oma gestorben ist, hab ich sie auf meiner Leinwand gesehen. Sie saß ganz alleine dort oben im Himmel auf einer Wolke und weinte, weil Opa unten auf der Erde geblieben war und ich auch. Aber seit zwei Jahren sitzt Opa neben ihr, sie schauen *Wer wird Millionär?*, dudeln ein Gläschen Prosecco und sind überhaupt nicht traurig. So was nennt man Happy End, falls das jemanden interessiert.

Aus: Susann Opel-Götz: Außerirdisch ist woanders. Hamburg: Oetinger 2012.

1 ☐ Jonas

☐ Johann

☒ Jonathan

☐ John

2 ☐ Das Verhalten der Nachbarin, Frau Messerle, zu beobachten.

☒ Sich mit Außerirdischen-Forschung zu beschäftigen.

☐ Sich Filme in seinem inneren Geheimkino anzusehen.

3 Lollo:
- **ist die große Schwester von Jona**
- **heißt eigentlich Charlotte**
- **findet, dass Lollo sexyer klingt**
- **ist fünfzehneinhalb Jahre alt**

Wolle:
- **ist viereinhalb Jahre alt**
- **ist der kleine Bruder von Jona**

4 *Lösungsvorschlag:*
Frau Messerle tratscht gern und erzählt alle Neuigkeiten sofort jedem weiter – wie eine Nachrichtensprecherin oder eben eine Tageszeitung.

5 **Frau Klinger ist die Mutter von Jona.**

6 **Ein Sandwich-Kind ist das mittlere von drei Geschwistern.**

7 ☐ Er kneift sich fest in den Arm.

☒ Er kneift die Augen ganz fest zu.

☒ Er schaltet sein inneres Geheimkino ein.

8

	stimmt	stimmt nicht
Jona findet sein Geheimkino manchmal ganz nützlich.	☒	☐
Die Bilder sind scharf.	☐	☒
Der Ton ist besser als der vom Kino am Bahnhof.	☒	☐
Der Hauptdarsteller ist meistens Jonas Papa.	☐	☒
Manchmal spielt Jonas Kino auch traurige Filme.	☒	☐
Jonas Oma ist vor drei Jahren gestorben und erschien auf seiner Kinoleinwand.	☒	☐

☆ ☆ Die Waffen der Tiere – Sachtext

Transkript:
In der Tierwelt ist Treten, Beißen, Schubsen und Spucken nicht verboten, sondern wirklich wichtig. Denn wer kämpfen kann, lebt länger. Die Löwin bringt ihren Jungen bei, Beutetiere mit einem Biss in den Hals zu erledigen. Nashornbullen verteidigen mit ihrem Horn ihr Revier gegen andere Nashörner. Adler könnten ohne ihre Krallen nicht die kleinste Maus fangen. Und Igel wiederum brauchen ihre Stacheln, um hungrige Angreifer in die Flucht zu schlagen.

Täglicher Überlebenskampf
Tiere besitzen weder Messer noch Kanonen. Doch auch ihre Waffen sind gefährlich – manche sogar so sehr, dass sie die Gegner töten können. Denn bei den Auseinandersetzungen im Tierreich geht es fast immer um das nackte Überleben. Ums Fressen und Gefressenwerden. Nur einer kann gewinnen.

Her mit der fetten Beute!
Fleischfressende Tiere wie Löwen oder Adler müssen regelmäßig Beutetiere fangen und fressen, denn sonst würden sie verhungern. Andere Arten benutzen ihre Waffen, um sich gegen solche Fressfeinde zur Wehr zu setzen. Zähne, Krallen, Stacheln und Hörner sind dabei nicht die einzigen Mittel, mit denen in der Tierwelt gekämpft wird. Im Gegenteil: Die Auswahl ist fast unüberschaubar groß. Da werden Stinkdrüsen und Würgemuskeln aktiviert, Stiche gesetzt, Tritte und sogar elektrische Schläge ausgeteilt. Und immer wieder: Gift benutzt!

Die tödliche Gefahr
Gift ist eine gefährliche Waffe, denn es lähmt wichtige Körperfunktionen und macht das Opfer dadurch bewegungsunfähig. Giftige Tiere setzen ihre Waffe auf ganz unterschiedliche Art ein, ganz weit oben auf der Hitliste stehen Giftzähne und Giftstacheln. Die Substanzen wirken dabei meist so schnell, dass keine Zeit für Flucht oder Gegenwehr bleibt. Es gibt sehr viele giftige Tiere, doch nur wenige sind auch für Menschen gefährlich: bestimmte Schlangen, Skorpione oder Quallen zum Beispiel.

Abschreckung wirkt
Wer die Begegnung mit einem giftigen Tier überlebt, wird den Kontakt kein zweites Mal riskieren: Schon der Anblick jagt ihm dann Furcht ein. Schwere Waffen wie mächtige Hörner, Stoßzähne oder Geweihe wirken dagegen von ganz allein abschreckend. Denn sie zeigen jedem Feind

oder auch Artgenossen schon von Weitem: „Ich bin hier der Boss! Gegen mich kommst du nicht an!" Diese Protzerei wirkt so gut, dass Mr. Superhorn seine Waffen oft gar nicht benutzen muss: Die Gegner lassen sich einschüchtern und geben kampflos auf. Sie überlassen dem Angeber dann zum Beispiel Weibchen, Futter oder das Revier.

Wehrlos ohne Waffe?
Manche Tiere laufen ohne Waffen durch die Welt. Wehrlos sind sie deshalb noch lange nicht. Bei Gefahr flüchten oder tricksen sie einfach! Die Gazelle etwa rennt schneller als jedes andere Tier, der Hase schlägt Haken, das Opossum stellt sich tot. Auch wir Menschen hätten in der Steinzeit gegen Wollnashorn und Säbelzahntiger keine Chance gehabt, besäßen wir nicht eine besondere Waffe: die Intelligenz! Damals half sie uns, im Kampf gegen wilde Tiere Waffen zu erfinden und Fallen zu bauen. Heute dagegen sollten wir unsere Intelligenz nutzen, um wilde Tiere zu schützen.

Aus: National Geographic World, Heft 5/2012, S. 36–39, Autorin: Almut Wenge (leicht verändert)

1
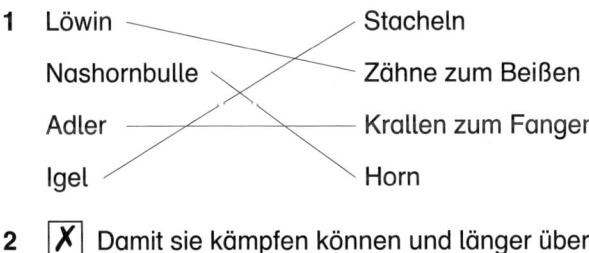

Löwin — Stacheln
Nashornbulle — Zähne zum Beißen
Adler — Krallen zum Fangen
Igel — Horn

2 [X] Damit sie kämpfen können und länger überleben.

[X] Um zu jagen.

[ ] Weil das besser aussieht.

[X] Um sich vor Feinden zu schützen.

3 *Lösungsvorschläge:*
- **Stinkdrüsen: Das Stinktier sendet eine stinkende Wolke aus und wehrt damit den Angreifer ab.**
- **Würgemuskeln: Würgeschlangen wie zum Beispiel der Python umschlingen mit ihrem Körper ihre Beute und ersticken sie dadurch.**
- **Stiche: Skorpione spritzen mit ihrem Stachel Gift in ihre Beute, um sie zu töten.**

- Tritte: Maultiere können mit ihren Hufen in alle Richtungen austreten, um sich gegen Feinde zu wehren.
- elektrische Schläge: Der Zitteraal jagt und verteidigt sich mit elektrischen Schlägen, die von seinem Körper ausgehen.

4 ☐ Giftzähne und Giftspritzen

☒ Giftzähne und Giftstacheln

☐ Gifttentakel und Giftspritzen

☐ Gifttentakel und giftige Haut

5 ☐ Weil es andere Tiere sofort tötet.

☒ Weil das Opfer nicht mehr fliehen kann.

☒ Weil es das Opfer bewegungsunfähig macht.

6 Ja, es gibt auch abschreckende Waffen. Das sind zum Beispiel Hörner, Stoßzähne oder Geweihe, die so beeindruckend aussehen, dass ihre Träger gar nicht erst angegriffen werden.

7 Nein, sie haben nicht automatisch verloren.

Lösungsvorschläge:

- Die Gazelle zum Beispiel läuft schneller als jedes andere Tier.
- Der Hase zum Beispiel ist geschickt im Flüchten und schlägt Haken.
- Das Opossum zum Beispiel stellt sich tot, um nicht angegriffen zu werden.

8 Der Mensch hat überlebt, weil er seine Intelligenz als „Waffe" eingesetzt hat. So konnte er Waffen erfinden und Fallen bauen, um gegen wilde Tiere zu bestehen.

☆☆ Kurznachrichten aus aller Welt – Nachrichten

Transkript:

Und nun die Kurznachrichten im Überblick:

Überraschung beim Zwiebelsortieren
In Baden-Württemberg hat ein Mann bei der Zwiebelernte einen überraschenden Fund gemacht. Beim Sortieren der Zwiebeln hielt er plötzlich eine Granate in der Hand. Der Arbeiter brachte den Fund in einen nahe gelegenen Wald und alarmierte die Polizei. Sprengstoffexperten stellten fest, dass die Granate nicht mehr scharf war. Vermutlich war sie von der Erntemaschine aus dem Boden ausgegraben worden und unter die Zwiebeln geraten.

Nilpferd am Straßenrand
Autofahrer auf einer Ausfallstraße von Schwerin trauten ihren Augen nicht: Auf dem Seitenstreifen graste ein ausgewachsenes Nilpferd. Mehrere Fahrer riefen die Polizei an. Die Beamten wussten bereits, dass das Tier aus einem Zirkus entlaufen war, der am Stadtrand gastierte. Sie riefen den Tierpfleger des Zirkus an. Der lotste das zwei Tonnen, also 2 000 Kilo, schwere Tier zurück in sein Gehege.

Schwan als Spion enttarnt
In Ägypten ist ein Schwan in den Verdacht geraten, ein Spion zu sein. Der Zugvogel landete in einem kleinen Dorf. Den Bewohnern kam es merkwürdig vor, dass er ein kleines, elektronisches Gerät am Bein trug. Sie wandten sich deshalb an die Polizei. Bald stellte sich heraus, dass der Schwan aus Frankreich kam. Er war von Tierschützern mit einem GPS-Gerät ausgestattet worden. So wollten sie herausfinden, wie der Schwan ins Winterquartier kommt.

Millionär für einen Tag
Ein Lehrer aus Indien staunte nicht schlecht, als er einen Blick auf sein Bankkonto warf. Er war über Nacht Multimillionär geworden. Das Konto wies ein Guthaben von umgerechnet 7,5 Milliarden Euro auf. Erwartet hatte er eine Zahlung von 150 Euro. Die Bank des Mannes konnte nicht erklären, wie es zu der Fehlbuchung gekommen war.

Wenn Ameisen klingeln
Ameisen haben eine Frau in Offenburg um den Schlaf gebracht. Die Rentnerin rief mitten in der Nacht die Polizei an, weil es an ihrer Tür unentwegt klingelte. Es stand aber niemand davor. Die Polizisten schraubten die Klingel auf und fanden die Übeltäter. Es waren Ameisen, die sich

dort ein Nest gebaut hatten. Das Material, das sie dazu herangeschleppt hatten, wirkte wie ein Finger, der auf den Klingelknopf drückt. Die Beamten zerstörten das Nest und das Klingeln hörte auf.

30-Euro-Schein gewechselt
Ein Betrüger hat in einem Supermarkt in Nordrhein-Westfalen mit einem 30-Euro-Schein bezahlt. Die Kassiererin bemerkte die Fälschung nicht und gab ihm das Wechselgeld raus. Erst als der Kunde sich merkwürdig benahm, wurde sie stutzig. Schließlich fiel ihr auf, dass es keine 30-Euro-Scheine gibt. Da war der Betrüger aber schon aus dem Laden gerannt und mit seinem Fahrrad davongefahren.

Zebrastreifen für Eichhörnchen
In einem Dorf in Schweden gibt es einen Zebrastreifen für Eichhörnchen. Er ist mit einem entsprechenden Verkehrsschild gekennzeichnet. Dieses Schild hatten Kollegen aus anderen Orten dem Chef des Straßenbauamtes geschenkt. Sie hatten bei einem Treffen festgestellt, dass es in dem Dorf extrem viele Eichhörnchen gibt. Der Chef hängte das Schild tatsächlich auf. Er begründete das damit, dass Eichhörnchen schließlich auch zu den gefährdeten Verkehrsteilnehmern gehörten, genauso wie Fußgänger, Radfahrer oder Rollstuhlfahrer. Angeblich sind schon Eichhörnchen beobachtet worden, die den Zebrastreifen genutzt haben.

Aus Hund mach Löwe
In der chinesischen Stadt Luohe hat der Zoo geschlossen. Zuvor war bekannt geworden, dass dort ein Hund als Löwe ausgegeben worden war. Der Zoo-Direktor betonte, man habe die Besucher nicht täuschen wollen. Der echte Löwe sei zu Züchtungszwecken ausgeliehen und komme bald zurück. Der Hund an seiner Stelle gehöre einem Tierwärter. Der habe während einer Dienstreise eine Möglichkeit gesucht, seinen Hund unterzubringen.

Meldungen: Kristine Kretschmer und Annette Bäßler, sowieso Pressebüro GbR

1   **Ein Mann fand beim Sortieren der geernteten Zwiebeln eine Granate.**

2   **Ein Nilpferd war aus einem Zirkus entlaufen und stand plötzlich grasend neben einer Straße. Autofahrer riefen die Polizei. Diese verständigte den Tierpfleger des Zirkus, der das Tier wieder in sein Gehege zurückbrachte.**

3 Der Schwan trug ein elektronisches Gerät am Bein. Sie dachten, damit könnte er spionieren.

4 $\boxed{X}$ Er war nur einen Tag lang so reich.

   $\boxed{}$ Er hat das Geld heute noch.

   $\boxed{}$ Die Fehlbuchung wurde nach einer Woche bemerkt und rückgängig gemacht.

5 Nachbarn   ein Äffchen   Kinder   (Ameisen)   Bienen

6 $\boxed{}$ Auf dem Schein war ein falsches Bild drauf.

   $\boxed{X}$ Es war ein 30-Euro-Schein und so einen Schein gibt es gar nicht.

   $\boxed{}$ Der Schein hatte kein Wasserzeichen.

7 Eichhörnchen haben in einem Dorf in Schweden extra ein Schild zum Überqueren der Straße erhalten.

8 a In China musste ein Zoo schließen, weil **dort ein Hund als Löwe ausgegeben wurde.**

   b **Der echte Löwe war gerade woanders hin ausgeliehen worden. Der Hund wiederum gehörte einem Tierpfleger, der wegen einer Reise seinen Hund irgendwo unterbringen musste.**

9

Schwan als Spion enttarnt	Die Fälschung
Wenn Ameisen klingeln	Lehrer im Kurzzeit-Glück
Millionär für einen Tag	007 in Ägypten?
30-Euro-Schein gewechselt	Schlaflose Nacht

☆ ☆ ☆ Tierheim Hellern – Radiobeitrag

Transkript:
„Wir befinden uns hier im Tierheim Hellern und wir warten jetzt noch auf die Frau Rütters und wollen jetzt ein Interview machen. Hier sind viele Zwinger und Hunde da drin. Manche Zwinger sind aber auch leer und manche Hunde bellen. Aber jetzt hört man kein Bellen. Grad war das noch richtig turbulent. Manche Hunde winseln auch."
„Manche Hunde hier sind kleinere Hunde von Natur aus, aber manche sind auch ganz groß."
„Wie wird man denn Tierpflegerin im Tierheim?"
„Man sollte auf jeden Fall sehr tierlieb sein. Dann muss man natürlich auch sehr gut in der Schule sein. Dann muss man sich ganz genau darüber im Klaren sein, was dieser Beruf mit sich bringt. Das heißt, möglichst vorher einmal in einem Zoo oder in einem Tierheim ein Praktikum machen, um so ein bisschen den Beruf kennenzulernen, denn es ist nicht immer unbedingt ein Traumberuf. Es ist ein sehr schwieriger Beruf und man muss sich darüber im Klaren sein, dass man sehr, sehr wenig Freizeit hat. Man arbeitet oftmals rund um die Uhr, egal, wo das ist, ob jetzt im Zoo oder in einem Tierheim oder in einer Tierpension. Es gibt viele kranke Tiere, es gibt junge Tiere, die rund um die Uhr betreut werden müssen. Also es ist … macht viel Spaß, mit Tieren zu arbeiten, aber es ist auch nicht immer so ganz einfach."
„Wie ist Ihr Tagesablauf?"
„Also ein grundsätzlicher Tagesablauf beginnt morgens um 7 Uhr und geht in der Regel bis nachmittags um 17 Uhr. Das ist ein normal geregelter Tag, der allerdings eher selten vorkommt, das heißt, wir arbeiten auch im Bereitschaftsdienst, rund um die Uhr. Natürlich in Zusammenarbeit mit den anderen Kollegen. Dann müssen wir natürlich, wenn, wie ich vorhin schon gesagt hab, auch mal kranke Tiere da sind oder junge Tiere, Tierbabys, die rund um die Uhr versorgt werden müssen, muss man natürlich länger arbeiten. Man muss nachts aufstehen, die Tiere versorgen und deswegen ist also ein geregelter Tagesablauf eher selten der Fall."
„Schließen Sie die Tiere ins Herz?"
„O ja! Die meisten viel zu doll. Es ist ja so, dass wir, gerade hier im Tierheim, bemüht sind, die Tiere wieder zu vermitteln. Das heißt, neue Besitzer zu finden, weil die meisten sind ja ausgesetzt, und da suchen wir natürlich, egal jetzt, ob Katzen, Hunde oder Kleintiere, Kaninchen, Vögel, neue Leute für diese Tiere. Aber es gibt Fälle, wo man ganz besonders

dran hängt. Meistens sind es kleine Tiere, Jungtiere, oder Tiere, die sehr krank waren und hier wieder gesund gepflegt worden sind, oder Tiere, die sehr lange hier waren, aufgrund dessen, dass halt sich so schnell kein neuer Besitzer gefunden hat. An den Tieren hängt man natürlich besonders."

„Was war das außergewöhnlichste Tier, das hier im Tierheim war?"

„Das außergewöhnlichste Tier war eine kleine Schlange, die aber nicht lange hier war, weil wir sind für die Unterbringung nicht so optimal eingerichtet. Wir haben das Tier dann an den Zoo weitergegeben, die sich da besser drum kümmern können und auch Experten haben, die sich mit solchen Tieren besser auskennen."

„Danke für Ihr Interview!"

Autorenverweis: osradio 104,8 e. V.
Nutzungshinweis: Die Rechte am Ton- und Textmaterial liegen bei osradio 104,8 e. V. und sind nur zur Verwendung im Rahmen der STARK Verlagsgesellschaft mbH & Co. KG freigegeben.

1

	spricht	spricht nicht
eine Reporterin mit dem Namen Frau Rütters	☐	☒
eine Tierpflegerin mit dem Namen Frau Rütters	☒	☐
junge Mädchen, die ein Interview mit Frau Rütters führen	☒	☐
zwei Männer, die sich das Tierheim erklären lassen	☐	☒
ein Papagei namens Leo	☐	☒

2

(wissen, dass man wenig Freizeit hat)

(sehr gute Noten in der Schule haben)

(tierlieb sein)

gute Noten im Sachunterricht haben

(ein Praktikum im Tierheim oder im Zoo gemacht haben)

wissen, dass man viel Freizeit hat

ein Praktikum im Tierheim oder im Zirkus gemacht haben

(wissen, dass der Beruf schwierig ist)

wissen, dass der Beruf immer viel Spaß macht

3 Es gibt für Tierpfleger selten einen geregelten Tagesablauf, weil man manchmal **Rund-um-die-Uhr-Bereitschaftsdienst** hat. **Außerdem betreut man auch Tierbabys oder kranke Tiere, um die man sich auch nachts kümmern muss.**

4 **Das Tierheim kümmert sich meist um ausgesetzte Tiere und versucht, sie an neue Besitzer zu vermitteln.**

5 • **kleinen Tierbabys**
   • **kranken Tieren, die im Heim gesund gepflegt wurden**
   • **Tieren, die sehr lange im Tierheim waren**

6 Das außergewöhnlichste Tier im Tierheim Hellern war **eine kleine Schlange.** Dieses Tier wurde an **den Zoo** weitergegeben, weil **es dort Experten gibt, die sich besser mit Schlangen auskennen.**

7 *Lösungsvorschläge (individuell):*
   • **Ja, ich wäre gerne Tierpfleger, weil die kranken und einsamen Tiere Hilfe brauchen und ich Tieren helfen möchte.**
   • **Nein, ich wäre nicht so gern Tierpfleger, weil man wenig Freizeit hat.**

☆ ☆ ☆ Lesen und Schreiben – Sachtext

Transkript:
Wie ergeht es einem, der nicht lesen kann? Er findet nicht die richtige Klingel, wenn er unten an der Haustür steht und jemanden besuchen möchte. Er kann im Restaurant mit der Speisekarte nichts anfangen. Er begreift keine Gebrauchsanweisung. Er findet sich in fremden Städten nicht zurecht. Er muss ohne Zeitungen und Bücher auskommen und kann sich deshalb kein genaues Bild von der Welt machen. Mit anderen Worten: Er ist hilflos. Unfähig, ein selbstbestimmtes Leben zu führen. Menschen, die nie lesen gelernt haben, heißen Analphabeten. Wir können natürlich lesen (und schreiben). Aber es kann passieren, dass auch wir uns plötzlich wie Analphabeten fühlen, wenn wir nämlich ein Land bereisen, das eine andere Schrift hat – Griechenland etwa oder China, Korea oder Syrien. Würden wir dort leben, kämen wir mit unserer Kenntnis der lateinischen Schrift nicht weiter. Wir könnten kein Straßenschild und keinen Hotelnamen, kein Telefonbuch und keine Zeitung lesen, und

Arbeit würden wir dort höchstens als Straßenkehrer oder Erntehelfer finden. Ein komisches Gefühl.
Wer nicht lesen kann, der ist von vielen Lebensbereichen ausgeschlossen. Er kann oft keine eigene Entscheidung treffen und ist daran gewöhnt, sich von anderen sagen zu lassen, wo's langgeht. Er hat keine Chance, aus seinem Leben etwas zu machen. Er ist kein freier Mensch. Und davon gibt es mehr, als wir glauben – auch heute noch.
Auf einem Platz in Mexiko-Stadt zum Beispiel, der Plaza Santo Domingo, wo unter einem Bogengang in langer Reihe Männer mit Schreibmaschinen sitzen. Ihre Kundschaft besteht aus alten Leuten und ein paar jüngeren, die sich von den Männern mit den Schreibmaschinen Briefe vorlesen oder Briefe schreiben lassen, weil sie selbst dazu nicht in der Lage sind. Sie sind auf fremde Hilfe angewiesen, bei Briefen an Verwandte oder Behörden und sogar bei Liebesbriefen. Noch schlimmer sieht es in Afghanistan aus, wo 95 Prozent aller Frauen nie lesen und schreiben gelernt haben. In manchen afrikanischen Ländern besteht die Bevölkerung zur Hälfte aus Analphabeten. Und selbst in den USA gibt es unter den Erwachsenen erstaunlich viele Analphabeten.
Wie kommt das? Eigentlich gibt es in jedem Land der Welt Schulen und auch Schulpflicht, eigentlich müsste jeder Mensch auf dieser Erde lesen und schreiben können. Aber manchmal ist die nächste Schule einfach zu weit weg und Verkehrsmittel gibt es nicht. Manchmal werden die Kinder daheim gebraucht, um das Vieh zu hüten, Wasser zu holen oder die Felder zu bewachen. Manchmal befürchten die Eltern, dass ihre Kinder sie verlassen und in die Stadt ziehen werden, um Karriere zu machen, wenn sie ihnen erlauben, in die Schule zu gehen. Dann sitzen sie im Alter allein in ihrem Dorf, niemand kümmert sich um sie, und das wollen sie nicht. In manchen Ländern werden Kinder gezwungen, von morgens bis abends in Fabriken oder Bergwerken zu arbeiten und Turnschuhe oder Teppiche herzustellen. Und manchmal werden Schulen im Krieg zerstört und lange nicht wieder aufgebaut, weil das Geld fehlt. Wo das Leben nicht so sicher und bequem ist wie bei uns, können viele Kinder von Bildung nur träumen – auf 115 Millionen schätzt man die Zahl der Kinder auf der Welt, die nicht zur Schule gehen.
Dabei ist Lesen und Schreiben heute wichtiger denn je. Wer sich aus der Armut befreien will, muss eine solide Schulbildung haben, muss möglichst gut informiert sein. Kommunikation spielt in der Arbeitswelt wie im Privatleben eine immer größere Rolle. Und auch eine Demokratie funktioniert nur dann, wenn die Bürger über politische Vorgänge in ihrem Land Bescheid wissen und sich deshalb von Politikern nichts vormachen

lassen. Staaten, in denen viele Analphabeten leben, können ihre Probleme kaum lösen. Man kann fast sicher sein, dass dort eine schlechte Politik gemacht wird und große Armut herrscht. Wenn also Entwicklungshelfer, Kirchen und Hilfsorganisationen in Ländern der Dritten Welt Schulen unterstützen und die Ausbildung von Lehrern finanzieren, dann tun sie damit nicht nur den Kindern etwas Gutes. Dann verbessern sie auch die Aussichten eines ganzen Landes auf Frieden, Freiheit und Wohlstand.

Aus: Leo G. Linder und Doris Mendlewitsch: Gibt es hitzefrei in Afrika? So leben die Kinder dieser Welt, Hrsg. Sabine Christiansen und Janosch. München: Heyne 2006.

1 *Lösungsvorschläge:*
Jemand, der nicht lesen kann, kann
- **nicht die richtige Türklingel finden.**
- **im Restaurant nicht lesen, was auf der Speisekarte steht.**
- **sich in Städten nicht zurechtfinden.**
- **keine Zeitungen und Bücher lesen.**
- **keine gute Arbeit finden.**

2 Menschen, die nie richtig lesen und schreiben gelernt haben, nennt man **Analphabeten**.

3 **Die Männer an den Schreibmaschinen helfen Analphabeten, indem sie für sie Briefe schreiben oder sie ihnen vorlesen.**

4 Mexiko ⟨ Afghanistan ⟩ USA Namibia

5 *Lösungsvorschläge:*
- **Oft ist die nächste Schule zu weit entfernt, sodass die Kinder nicht hinkommen können.**
- **Oder die Eltern lassen ihre Kinder nicht zur Schule gehen, weil sie Angst haben, dass sie dann wegziehen und Karriere machen. Dann würden die Eltern allein zurückbleiben.**
- **Oft müssen die Kinder auch arbeiten und Geld verdienen, statt in der Schule zu lernen.**
- **Manchmal herrscht auch Krieg und die Schulen werden zerstört. Dann kann keiner lesen und schreiben lernen.**

6 *Lösungsvorschlag:*
Ich finde es nicht gut, dass so viele Kinder nicht zur Schule gehen. Denn dann lernen sie nicht lesen und schreiben, bekommen später keine gute Arbeit und werden wahrscheinlich arm bleiben.

7   ☒ Entwicklungshelfer

   ☐ die Polizei

   ☒ die Kirche

   ☒ Hilfsorganisationen

   ☐ die Feuerwehr

8 *Lösungsvorschlag:*
Ich würde ihm raten, sehr wohl lesen und schreiben zu lernen. Das Geld seiner Eltern könnte durch Krieg oder andere Umstände verloren gehen und dann hat Janick nichts mehr und kann nur wenig eigenes Geld verdienen, wenn er nicht lesen kann. Außerdem: Wer nicht lesen kann, kennt sich in der Welt nur schlecht aus. Er kann zudem keine Bücher genießen oder wichtige Briefe lesen oder schreiben.

☆☆☆ Die Macht des Mondes – Sachtext

Transkript:
Vorsicht vor dem Vollmond! Da treibt es die Schlafwandler aus den Betten, Unfälle und Katastrophen häufen sich, überall passieren die merkwürdigsten Dinge. Oder nicht?
Viele glauben, dass dieses dicke, runde Mondgesicht am Nachthimmel eine rätselhafte und unheimliche Macht auf uns ausübt. Der Vollmond sei zum Beispiel schuld, wenn Menschen plötzlich im Schlaf aufstehen und durch die Gegend geistern. Mit geschlossenen Augen tappen sie dann im Haus herum, steigen Treppen hoch, marschieren über den Balkon oder klettern sogar aufs Dach.
Tatsache ist, dass Schlummernde ab und zu unruhig werden und ohne aufzuwachen aus den Betten steigen. Das passiert tatsächlich bei Vollmond häufiger als in anderen Nächten. Viele der nächtlichen Spaziergänger sind Kinder und Jugendliche. Jeder Zehnte von ihnen soll schon

mal im Schlaf unterwegs gewesen sein. Nach dem Aufwachen ist dieser Ausflug aus der Erinnerung aber vollkommen verschwunden. Sind die Schlafwandler also wirklich mondsüchtig? Zieht sie der Vollmond magisch an? Früher wurden dem Begleiter der Erde – bei den verschiedensten Völkern und Kulturen – sogar noch ganz andere Kräfte zugeschrieben. Kindern, die bei Vollmond geboren wurden, sagte man zum Beispiel eine glückliche Zukunft voraus.

Die günstigste Zeit, sich von allerlei Wehwehchen zu befreien, vermutete man natürlich in der Vollmondnacht. Hämorrhoiden – das sind schmerzhafte Venenknoten am Hintern – würden im Nu verschwinden, wenn man sich bei Vollmond mit nacktem Popo in eine Ackerfurche setzt! Und wie wird man Warzen wieder los? Einfach so viele Knoten, wie man Warzen hat, in eine Schnur binden und diese dann bei Vollmond über die linke Schulter werfen! Die Menschen früher schauten auch ganz genau in ihren Mondkalender, um herauszubekommen, wann genau der richtige Zeitpunkt für bestimmte Arbeiten in der Landwirtschaft gekommen war. Zum Beispiel bei der Aussaat! Ob es wirklich einen Zusammenhang zwischen den Mondphasen und den Ernteerfolgen gibt? Das haben Forscher in den vergangenen Jahren genauer untersucht. Tatsächlich stellten sie fest, dass die Möhren immer dann bessere Erträge brachten, wenn sie vor Vollmond ausgesät wurden. Und die Kartoffeln reagierten genau umgekehrt. Gleichzeitig machten die Forscher aber auch klar, dass dieser Mondeinfluss nur sehr gering ist. Entscheidend für das Pflanzenwachstum sind und bleiben Wetter und Bodenqualität.

Dass der Mond eine Macht über die Erde ausübt, ist jedoch unbestritten. Denn zusammen mit der Sonne löst er Ebbe und Flut aus. Mit seiner Anziehungskraft hebt er die Wasserteilchen und wölbt sie zu einem Flutberg auf. Etwa alle zwölf Stunden erreicht dann der Meeresspiegel seinen höchsten Stand. Wenn der Mond aber über das Wasser herrscht, könnte er dann nicht auch auf den Menschen Einfluss ausüben? Denn der besteht ja schließlich zu rund 60 Prozent aus Wasser!

Die magische Wirkung des Mondes auf den Menschen haben die Wissenschaftler allerdings noch nie zweifelsfrei nachweisen können. Psychologen haben jedoch beobachtet, dass abergläubische Patienten vor einer Vollmondnacht immer unruhiger werden. Wer aber ständig damit rechnet, es könne etwas Unheimliches oder Merkwürdiges geschehen, dem passieren vor lauter Nervosität dann manchmal auch außergewöhnliche Sachen, wie zum Beispiel ein Verkehrsunfall.

Die Statistiker allerdings, die alles im Leben berechnen können, haben noch nie eine Häufung von ungewöhnlichen Ereignissen bei Vollmond feststellen können. Ein Märchen ist es übrigens auch, dass die Zahl der Geburten in diesen besonders hellen Nächten steigen würde. Die verteilen sich nämlich laut Statistik über alle Mondphasen hinweg gleichmäßig.

Auch für die Tatsache, dass es bei Vollmond mehr Schlafwandler als sonst aus den Betten zieht, gibt es eine natürliche Erklärung. Denn der Schlaf wird umso unruhiger, je heller es in der Nacht ist. Schlafwandler streben nämlich immer geradewegs auf eine Lichtquelle zu. Und welche Lichtquelle könnte leuchtender sein als der Vollmond am Himmel, der eventuell durchs Schlafzimmerfenster scheint?

Warum aber gehen ausgerechnet so viele Kinder und Jugendliche im Schlaf auf Tour? Wer schlafwandelt, führt meistens kein eintöniges und langweiliges, sondern ein aufregendes und abwechslungsreiches Leben. So wie die jüngeren Menschen eben, die tagsüber viel mehr neue Erfahrungen machen als ältere und auch viel mehr neue Dinge kennenlernen: Dinge, die sie nachts im Traum verarbeiten und die sie manchmal auch unruhig werden lassen.

Aus: floh!, Nr. 6, 2008

1   ☒ Der Vollmond treibt Schlafwandler aus ihren Betten.

☐ Der Vollmond ist schuld daran, wenn die Pflanzen nicht so gut wachsen.

☒ Es häufen sich Unfälle und Katastrophen.

☒ Überall passieren die merkwürdigsten Dinge.

☐ Der Vollmond bringt Abwechslung in den tristen Alltag.

2   Viele Schlafwandler sind Kinder oder Jugendliche.
Sie sind tatsächlich häufiger bei Vollmond unterwegs.

3   Die Schlafwandler erinnern sich an nichts, wenn sie aufwachen.

4

Gegen
Hämorrhoiden ...

Gegen Warzen ...

machte man Knoten in eine Schnur und
band sie sich bei Vollmond an den Gürtel.

machte man Knoten in eine Schnur und warf
sie sich bei Vollmond über die Schulter.

setzte man sich bei Vollmond mit nacktem
Hinterteil in eine Ackerfurche.

setzte man sich bei Vollmond mit nacktem
Hinterteil auf einen Maulwurfshügel.

5 **Hiermit sind Ebbe und Flut gemeint.**

6 **Der Schlaf wird umso unruhiger, je heller es ist. Deshalb gibt es bei Vollmond mehr Schlafwandler als in anderen Nächten.**

7 *Lösungsvorschlag:*
Nein, es ist nicht unbedingt gefährlicher. Es gibt zwar mehr Schlafwandler, aber es passieren nicht automatisch mehr Unfälle oder Unglücke. Nur wer sich einredet, an Vollmond passierten schlimmere Dinge als sonst, der könnte dadurch nervöser werden und solche schlimmen Dinge dadurch selbst verursachen.

☆ **Die Pilz-Expertin – Hörspiel**

1 Wer kommt im Hörspiel vor?

	kommt vor	kommt nicht vor
das Mädchen Janine	☐	☐
die Mutter von Janine	☐	☐
die Tante von Janine	☐	☐
ein Erzähler	☐	☐
die Kunstlehrerin von Janine	☐	☐
der Vater von Janine	☐	☐

2 Was möchte Janine mit den gesammelten Pilzen kochen?

☐ einen leckeren Pilzauflauf

☐ eine leckere Pilzsuppe

☐ ein leckeres Pilz-Omelett

3 Wie überzeugt Janine ihren Vater am Mittagstisch, dass sie sich mit Pilzen gut auskennt?

_____

_____

4 Wer hat was im Wald mit dabei? Verbinde.

Janine		Papa		Mama

kleines Taschenmesser		Sachkundeheft		Pilzbestimmungsbuch

5 Warum ist es besser, die gesammelten Pilze in einem Korb zu transportieren und nicht in einer Plastiktüte?

_____

_____

6 Zwischen welchen beiden Pilzsorten schwankt Janine bei der Bestimmung des großen Pilzes?

☐ Steinpilz und Fliegenpilz

☐ Steinpilz und Gallenröhrling

7 Was meint Janines Mutter, als sie über den Steinpilz sagt „… ein richtig edler Pilz"?

_____

_____

_____

8 Würdest du auch gern in den Wald zum Pilzesammeln gehen? Begründe sinnvoll.

_____

_____

_____

9 Wer ist nun mit der Überschrift „Die Pilz-Expertin" in der Geschichte gemeint? Triff eine Entscheidung und begründe genau. **Tipp:** Es gibt hier keine falsche Antwort.

☐ Janine, weil

_____

_____

☐ Die Mutter, weil

_____

_____

10 Welche andere Überschrift könnte die Geschichte haben?
Denke dir eine passende aus.

_____

☆ **Die Bienenkönigin – Märchen**

1 Am Anfang der Geschichte sind die zwei Brüder …

☐ unterwegs auf einer Abenteuerreise.

☐ wieder wohlbehalten von ihrer Abenteuerreise zu Hause angekommen.

☐ gemein zu Dummling, denn sie verspotten ihn.

☐ freundlich zu ihrem armen Bruder Dummling.

> **Tipp**
> Denke daran: Wenn du bei einer Frage etwas ankreuzen sollst, kann eine Antwort richtig sein oder auch mehrere. ■

2 Warum heißt der Held der Geschichte wohl Dummling?

☐ Weil er selber denkt, er sei dumm.

☐ Weil er klug ist.

☐ Weil seine Brüder ihn für dumm halten.

3 Auf ihrer Reise begegnen die Brüder nacheinander drei verschiedenen Tierarten. Zeichne die Tiere in der richtigen Reihenfolge der Begegnung in die Kästchen und beschrifte sie.

1.	2.	3.

4 Welche Verzauberung liegt über dem Schloss, das die drei Brüder entdecken?

☐ Ein graues Männchen lebt eingesperrt in einer Stube im Schloss.

☐ Das Schloss kann wegen einer Mauer von niemandem betreten werden.

☐ Alle Bewohner des Schlosses wurden in Stein verwandelt.

5 Schau dir die Steintafel an, auf der die drei Aufgaben stehen. Finde die Fehler darin. Streiche sie durch und schreibe die richtigen Wörter darüber oder daneben.

1. IM WALD UNTER DEM MOOS DIE 1 000 ERBSEN DER KÖNIGSTOCHTER FINDEN.

2. SCHLÜSSEL ZU DER SCHLAFKAMMER DER KÖNIGIN AUS DEM SEE HOCHTAUCHEN.

3. AUS DEN DREI SCHLAFENDEN TÖCHTERN DES KÖNIGS DIE ÄLTESTE HERAUSSUCHEN, DIE HONIG VOR DEM EINSCHLAFEN GEGESSEN HATTE.

6 Was passiert mit den beiden älteren Brüdern, als sie die Aufgaben nicht lösen können?

_____

_____

7 Wieso war es gut, dass der Dummling die Tiere zuvor beschützt hatte?

_____

_____

8 Die Geschichte „Die Bienenkönigin" wurde von den Brüdern Grimm geschrieben. Um was für eine Textart handelt es sich wohl dabei?

☐ um eine Abenteuergeschichte

☐ um eine Sage

☐ um ein Märchen

☐ um einen Bericht

☆ Fast Food – Radiobeitrag

1 Der Radiobeitrag beginnt mit einer Umfrage: „Das letzte Mal, dass ihr etwas gegessen habt, scheint euch Ewigkeiten her. Ihr habt noch genau einen Euro in der Hosentasche. Was macht ihr?"
Wohin würden die Befragten gehen? Kreise ein.

zu Burger King　　　　zum Bäcker　　　　zu McDonald's　　　　nach Hause

2 Machen wir eine Zeitreise zurück in die Antike. Auch damals gab es schon Imbisse. Warum waren diese nötig?

_____

_____

_____

3 Vervollständige den Text.

Der Begriff Fast Food stammt aus _____ .

Fast bedeutet „schnell" und Food „Essen". Somit ist Fast Food ein Essen, das zum

einen schnell _____ und zum anderen schnell

_____ wird.

4 Es ist möglich, einen Ausgleich zum Fast Food zu schaffen. Damit kann man einmal pro Woche unbedenklich Fast Food essen. Erkläre, wie dieser Ausgleich funktioniert.

_____

_____

5 Warum essen wir Fast Food? Welche Antworten werden im Radiobeitrag genannt?

- ☐ Weil es lecker schmeckt.
- ☐ Weil es billig ist.
- ☐ Weil man davon schnell abnimmt.
- ☐ Weil man damit etwas auf die Rippen kriegt.
- ☐ Weil es gesund ist.
- ☐ Weil es unter Zeitdruck schnell geht.
- ☐ Weil es so toll aussieht.

6 Welche Alternativen zu Fast Food werden am Ende des Radiobeitrags vorgeschlagen?

☐ Pizza selber machen und einfrieren.

☐ Statt Pizza Salat essen.

☐ Ein Brötchen vom Bäcker holen.

☐ Zur Ergänzung zur Pizza ein paar Tomaten aufschneiden.

☐ Einen Gemüsesaft zur Pizza trinken.

7 Was ist deine eigene Meinung zu Fast Food?

_____

_____

_____

_____

_____

☆ ☆ Im Tal der Dinosaurier – Literarischer Text

1 Was findet Philipp am Anfang der Geschichte?

_____

2 Was entdeckt Anne hinter dem Hügel?

☐ ein Tal voller Nester

☐ ein Tal voller Vogelnester

☐ große Nester aus Ästen und Zweigen

☐ große Nester aus Erde

> **Tipp**
> Wenn du bei einer Frage etwas ankreuzen sollst, kann eine Antwort richtig sein oder auch mehrere. ■

3 Wieso soll Anne von den Nestern wegkrabbeln und so tun, als würde sie kauen?

_____

_____

4 Womit füttert Anne schließlich den großen Dinosaurier?

☐ mit Magnolien-Blüten

☐ mit Magnolien-Früchten

☐ mit Mangolien-Blüten

5 Philipp findet in seinem Dinosaurier-Buch wichtige Informationen über die Dinosaurier mit den Entenschnäbeln.
Finde im Text zwei Fehler. Streiche die falschen Wörter durch und verbessere sie.

Anatosaurier lebten allein.

Während einige Väter auf die Nester aufpassten, jagten die anderen.

6   Welcher andere Dinosaurier versetzt alle am Ende der Geschichte in Angst und
     Schrecken?

☐ der Anatosaurus Rex

☐ der Tyrannosaurus Bex

☐ der Tyrannosaurus Rex

☐ der Anatosaurier Rex

7   Ein Schüler meint: „Ich glaube, der große Dinosaurier, der am Ende der Geschichte
     auftaucht, ist böse."
     Stimmst du zu?
     Begründe deine Entscheidung und beziehe dich auf das, was du gehört hast.

     _____

     _____

     _____

     _____

8   Die Geschichte, die du gehört hast, ist …

☐ eine unheimliche Gruselgeschichte.

☐ eine spannende Fantasiegeschichte.

☐ eine lustige Erlebniserzählung.

☐ eine wahre Abenteuergeschichte.

☐ ein informierender Fachtext über Dinosaurier.

☆ ☆ Grüne Brücken – Kinder-Podcast

1 Eine Grüne Brücke …

☐ ist ein bepflanzter Weg über eine Autobahn.

☐ ist eine in Grün gestrichene Brücke über eine Autobahn.

☐ soll Spaziergängern den Weg über die Straße erleichtern.

☐ ist nur für Tiere gebaut.

☐ gibt es in Deutschland mittlerweile etwa 40-mal.

2 Warum ist eine Grüne Brücke nötig? Erkläre.

_____

_____

_____

_____

3 Was findet man laut Text auf einer Grünen Brücke? Kreise ein.

Büsche   Bäume   Pilze   Nadelzweige   Heu   Heide   Moos

Wiesen   Sägespäne   abgestorbene Baumstämme   Rasen

4 Nenne drei Tiere, die die Grüne Brücke benutzen.

_____

_____

5 Tiere haben normalerweise Angst vor Autolärm und Scheinwerferlichtern.
Warum trauen sie sich trotzdem über die Grüne Brücke? Nenne zwei Gründe.

_____

_____

_____

_____

6   Vervollständige den Text.

Die Tiere laufen am liebsten im Dunkeln über die Grüne Brücke. Dennoch werden sie

gesehen, denn auf der Brücke steht eine Art _____.

Dieser macht _____ von den Tieren, die dann später von

Wissenschaftlern angesehen werden. So will man drei Dinge herausfinden, nämlich

_____

_____.

So können die Wissenschaftler herausfinden, ob man für bestimmte Tierarten noch

etwas auf der Brücke _____ muss, damit sie sich hinübertrauen.

7   Tamaras Vater meint: „Diese Grünen Brücken kosten doch sicher viel Geld! Machen
die wirklich einen Sinn?"
Was antwortest du, nachdem du dich nun mit Grünen Brücken auskennst?
Begründe deine Meinung mit zwei Punkten.

_____

_____

_____

_____

☆ ☆ Die Wüste – Sachtext

1 Nachdem du den gesamten Text angehört hast, entscheide:
Welche Wörter passen zur Wüste? Kreise ein.

fruchtbar   sandig   kalt   verregnet   Kies

heiß   Antarktis   Fels   Humus   grün

2 Im Text konntest du hören, dass …

	stimmt	stimmt nicht
es nicht viele Wüsten auf der Erde gibt.	☐	☐
es nicht wenige Wüsten gibt.	☐	☐
die größte Wüste die Sahara ist.	☐	☐
die größte Wüste „Tal des Todes" heißt.	☐	☐

3 Susi malt ein Bild von der Wüste.
Etwas stimmt an dem Bild nicht. Was hat sie nicht bedacht?
Beschreibe und erkläre.

_____

_____

_____

4 Kamele und Kakteen können gut Wasser speichern.
Weißt du noch, wer wie lange Wasser speichern kann? Verbinde richtig.

fünf Tage lang

Kamel

zwei Monate lang

über zwei Wochen lang

acht Tage lang

Kaktus

zehn Monate lang

ein Jahr lang

5 In einer Sandwüste kann es bis zu 70 Grad heiß werden, nachts herrschen Temperaturen von bis zu minus 20 Grad.
Wieso wird es nachts so kalt? Erkläre.

6 Es gibt auch Kältewüsten.
Welche zwei Tierarten werden als Bewohner der Kältewüsten genannt?

7 Wieso verbrennen die Tiere in heißen Trockenwüsten nicht auf dem kochend heißen Boden? Erkläre anhand eines Beispiels, das du im Text gehört hast.

☆ ☆ Aller guten Dinge sind drei – Literarischer Text

1 Der Ich-Erzähler nennt sich Jona. Das ist die Abkürzung für …

☐ Jonas

☐ Johann

☐ Jonathan

☐ John

2 Was ist Jonas liebstes Hobby?

☐ Das Verhalten der Nachbarin, Frau Messerle, zu beobachten.

☐ Sich mit Außerirdischen-Forschung zu beschäftigen.

☐ Sich Filme in seinem inneren Geheimkino anzusehen.

3 In Jonas Familie leben noch Lollo und Wolle. Ordne die Informationen den beiden Geschwistern zu und schreibe sie jeweils in das passende Kästchen.

Lollo:	Wolle:

- ist die große Schwester von Jona
- ist viereinhalb Jahre alt
- heißt eigentlich Charlotte
- ist der kleine Bruder von Jona
- findet, dass Lollo sexyer klingt
- ist fünfzehneinhalb Jahre alt

4 Jonas Papa nennt die Nachbarin Frau Messerle eine „Tageszeitung auf zwei Beinen". Was meint er damit?

_____

_____

_____

5 Wer ist Frau Klinger, von der in der Geschichte die Rede ist?

_____

6 Was ist ein Sandwich-Kind? Erkläre mit deinen eigenen Worten.

_____

_____

_____

7 Was tut Jona, um nicht mehr an seine Rolle als Sandwichkind zu denken? Kreuze an:

☐ Er kneift sich fest in den Arm.

☐ Er kneift die Augen ganz fest zu.

☐ Er schaltet sein inneres Geheimkino ein.

8 Jonas Geheimkino: Richtig oder falsch? Kreuze an:

	stimmt	stimmt nicht
Jona findet sein Geheimkino manchmal ganz nützlich.	☐	☐
Die Bilder sind scharf.	☐	☐
Der Ton ist besser als der vom Kino am Bahnhof.	☐	☐
Der Hauptdarsteller ist meistens Jonas Papa.	☐	☐
Manchmal spielt Jonas Kino auch traurige Filme.	☐	☐
Jonas Oma ist vor drei Jahren gestorben und erschien auf seiner Kinoleinwand.	☐	☐

☆ ☆ Die Waffen der Tiere – Sachtext

1 Welches Tier besitzt welche „Waffe"? Verbinde.

Löwin	Stacheln
Nashornbulle	Zähne zum Beißen
Adler	Krallen zum Fangen
Igel	Horn

2 Warum haben Tiere Waffen?

☐ Damit sie kämpfen können und länger überleben.

☐ Um zu jagen.

☐ Weil das besser aussieht.

☐ Um sich vor Feinden zu schützen.

3 Im Text werden weitere Dinge erwähnt, die Tiere als Waffe benutzen.
Nun ist dein Vorwissen gefragt: Suche dir zwei Waffen aus und erkläre ihre Wirkung
anhand eines Tierbeispiels, das du kennst.

- Stinkdrüsen
- Würgemuskeln
- Stiche
- Tritte
- elektrische Schläge

_____

_____

_____

_____

_____

_____

_____

_____

4 Viele Tiere setzen als Waffe Gift ein.
Welche zwei Giftwaffen stehen ganz oben auf der Hitliste?

☐ Giftzähne und Giftspritzen

☐ Giftzähne und Giftstacheln

☐ Gifttentakel und Giftspritzen

☐ Gifttentakel und giftige Haut

5 Warum ist Gift als Waffe so wirkungsvoll?

☐ Weil es andere Tiere sofort tötet.

☐ Weil das Opfer nicht mehr fliehen kann.

☐ Weil es das Opfer bewegungsunfähig macht.

6 Gibt es auch Waffen, die wirken, ohne dass es zum Kampf kommen muss? Erkläre.

_____

_____

_____

7 Haben Tiere, die keine Waffen tragen, nicht automatisch verloren?
Begründe anhand eines Beispiels aus dem Text.

_____

_____

_____

8 Der Mensch hat keine Waffen wie Stacheln oder Hörner am Körper, um sich zu verteidigen oder zu jagen. Mit welcher „Waffe" hat der Mensch in der Steinzeit dennoch
überlebt und wie hat er diese Waffe eingesetzt? Erkläre.

_____

_____

_____

✰ ✰ Kurznachrichten aus aller Welt – Nachrichten

1 Überraschung beim Zwiebelsortieren!
Was fand ein Mann beim Sortieren der geernteten Zwiebeln?

_____

2 Schau dir das Bild genau an. Welche Nachricht passt dazu?
Erkläre genau, was passiert ist und wie das Problem gelöst wurde.

_____

_____

_____

_____

3 Warum dachten die Bewohner eines kleinen ägyptischen Dorfes, dass ein Schwan
ein Spion sei?

_____

_____

4 Ein indischer Lehrer hatte plötzlich 7,5 Milliarden Euro statt der erwarteten 150 Euro
auf seinem Konto. Wie lange war er so reich?

☐ Er war nur einen Tag lang so reich.

☐ Er hat das Geld heute noch.

☐ Die Fehlbuchung wurde nach einer Woche bemerkt und rückgängig gemacht.

5 Eine Frau aus Offenburg wurde durch ständiges Klingeln um den Schlaf gebracht. Wer war dafür verantwortlich? Kreise ein.

Nachbarn   ein Äffchen   Kinder   Ameisen   Bienen

6 Ein Betrüger hat in einem Supermarkt mit einem auffälligen Falschgeld-Schein bezahlt. Was war an dem Geldschein so auffällig?

☐ Auf dem Schein war ein falsches Bild drauf.

☐ Es war ein 30-Euro-Schein und so einen Schein gibt es gar nicht.

☐ Der Schein hatte kein Wasserzeichen.

7 Welche Tiere haben in einem Dorf in Schweden extra ein Schild zum Überqueren der Straße erhalten?

_____

8 Zoo-Skandal!

a Vervollständige den Satz:
In China musste ein Zoo schließen, weil _____

_____ .

b Erkläre, wie es dazu kam.

_____

_____

9 Stell dir vor, du bist jetzt der Nachrichtensprecher. Deine Aufgabe ist es, die Nachrichten neuen Titeln zuzuordnen. Überlege, welche Schlagzeile zu welcher Kurznachricht passt, und verbinde mit verschiedenen Farben.

Schwan als Spion enttarnt	Die Fälschung
Wenn Ameisen klingeln	Lehrer im Kurzzeit-Glück
Millionär für einen Tag	007 in Ägypten?
30-Euro-Schein gewechselt	Schlaflose Nacht

☆☆ Tierheim Hellern – Radiobeitrag

1 Wer spricht in dem Radiobeitrag?

	spricht	spricht nicht
eine Reporterin mit dem Namen Frau Rütters	☐	☐
eine Tierpflegerin mit dem Namen Frau Rütters	☐	☐
junge Mädchen, die ein Interview mit Frau Rütters führen	☐	☐
zwei Männer, die sich das Tierheim erklären lassen	☐	☐
ein Papagei namens Leo	☐	☐

2 Stell dir vor, du willst Tierpfleger werden. Welche Voraussetzungen solltest du mitbringen? Erinnere dich an das Gehörte und kreise das Richtige farbig ein.

wissen, dass man wenig Freizeit hat

tierlieb sein

ein Praktikum im Tierheim oder im Zoo gemacht haben

ein Praktikum im Tierheim oder im Zirkus gemacht haben

sehr gute Noten in der Schule haben

gute Noten im Sachunterricht haben

wissen, dass man viel Freizeit hat

wissen, dass der Beruf schwierig ist

wissen, dass der Beruf immer viel Spaß macht

3 Frau Rütters erzählt, dass es für einen Tierpfleger selten einen geregelten Tagesablauf gibt. Warum? Nenne zwei Gründe dafür.

_____

_____

_____

_____

4 Was hat das Tierheim für eine Aufgabe?

_____

_____

_____

_____

5 An welchen Tierheimtieren hängt man als Tierpfleger besonders?

An • _____

• _____

• _____

6 Fülle die Lücken richtig aus.

Das außergewöhnlichste Tier im Tierheim Hellern war

_____.

Dieses Tier wurde an _____ weitergegeben, weil

_____

_____.

7 Nachdem du das Interview gehört hast, überlege:
Würdest du gerne als Tierpfleger im Tierheim arbeiten wollen?
Begründe deine Meinung mit dem eben Gehörten.

_____

_____

_____

_____

_____

_____

_____

☆☆ **Lesen und Schreiben – Sachtext**

1   Ein Mensch, der nicht lesen kann, ist hilflos.
    Nenne zwei Beispiele aus dem eben Gehörten, die diese Aussage veranschaulichen.

    _____

    _____

    _____

    _____

2   Vervollständige den Satz:

    Menschen, die nie richtig lesen und schreiben gelernt haben, nennt man

    _____.

3   Überall auf der Welt gibt es Menschen, die nicht richtig lesen und schreiben können.
    Schau dir das Bild aus Mexiko genau an. Erkläre, was hier passiert.

    _____

    _____

    _____

4   In einem der folgenden Länder haben 95 Prozent der Frauen nie lesen und schreiben
    gelernt. Kreise ein, welches Land gemeint ist.

    Mexiko   Afghanistan   USA   Namibia

5   Warum können so viele Menschen auf der Welt nicht lesen und schreiben?
Nenne zwei Gründe, die im Hörtext genannt wurden.
Die Stichpunkte aus dem Kasten können dir dabei helfen.

| Entfernung | Angst vor Einsamkeit | Arbeit | Krieg |

_____

_____

_____

6   Man schätzt, dass 115 Millionen Kinder auf der ganzen Welt nicht zur Schule gehen.
Wie findest du das? Schreibe deine eigene Meinung auf.

_____

_____

_____

7   Wer hilft, dass immer mehr Menschen auf der Welt
doch lesen und schreiben lernen?

☐ Entwicklungshelfer

☐ die Polizei

☐ die Kirche

☐ Hilfsorganisationen

☐ die Feuerwehr

8   Janick meint: „Meine Eltern sind reich. Ich brauche mich nicht anzustrengen, lesen
und schreiben zu lernen, denn ich werde eh nie arbeiten müssen."
Was antwortest du ihm?

_____

_____

_____

☆☆ Die Macht des Mondes – Sachtext

1   Vorsicht: Es ist Vollmond!
Welche Befürchtungen werden am Anfang erwähnt?

☐ Der Vollmond treibt Schlafwandler aus ihren Betten.

☐ Der Vollmond ist schuld daran, wenn die Pflanzen nicht so gut wachsen.

☐ Es häufen sich Unfälle und Katastrophen.

☐ Überall passieren die merkwürdigsten Dinge.

☐ Der Vollmond bringt Abwechslung in den tristen Alltag.

2   Der Text möchte den oben genannten Befürchtungen auf den Grund gehen.
Erinnere dich: Wer sind die Schlafwandler und wann sind sie vor allem unterwegs?

_____

_____

_____

3   Was wissen die Schlafwandler noch von ihren Ausflügen, wenn sie aufwachen?

_____

_____

4   Auch früher schon schrieb man dem Vollmond eine große Macht zu.
Er sollte zum Beispiel Krankheiten heilen können.
Verbinde richtig, wie man früher welche Krankheiten mithilfe des Vollmonds zu heilen
versuchte.

machte man Knoten in eine Schnur und band
sie sich bei Vollmond an den Gürtel.

Gegen Hämorrhoiden[1]...

machte man Knoten in eine Schnur und warf
sie sich bei Vollmond über die Schulter.

setzte man sich bei Vollmond mit nacktem
Hinterteil in eine Ackerfurche.

Gegen Warzen ...

setzte man sich bei Vollmond mit nacktem
Hinterteil auf einen Maulwurfshügel.

1) Hömorrhoiden: Eine Krankheit, die sich am Hinterteil des Menschen befindet.

5 Im Hörtext wird gesagt: „Dass der Mond eine Macht über die Erde ausübt, ist jedoch unbestritten. … Mit seiner Anziehungskraft hebt er die Wasserteilchen und wölbt sie zu einem Flutberg auf." Was für ein Naturschauspiel ist hier gemeint?

_____

6 Der Vollmond ist eine besonders helle Lichtquelle in der Nacht.
Wie wirkt sich das auf Schlafwandler aus? Beschreibe und erkläre.

_____

_____

_____

7 Hannes fragt: „Ist es nun gefährlicher für mich, wenn nachts der Vollmond am Himmel steht?" Antworte ihm und begründe deine Meinung.

_____

_____

_____

_____

_____

_____

Notizen

Notizen

Kompetenz-Training

Zum Üben und Überprüfen von Kompetenzen

✔ Mit abwechslungsreichen, auf die Lehrpläne abgestimmten Aufgaben auf verschiedenen Niveaustufen

✔ Mit nachvollziehbaren Lösungen

✔ Ideal zur individuellen Förderung von Kompetenzen

Schlau mit STARK

Hier stimmen 6 Dinge nicht. Kreise sie ein.

1. Das Hausdach steht auf dem Kopf.
2. Die Wasserwaage fliegt.
3. Die Bauwagentür steht auf dem Kopf.
4. Der Hund mauert.
5. Der Bauarbeiter trägt einen Wikingerhelm.
6. Das Schubkarrenrad ist eckig.

www.stark-verlag.de/grundschule